LA FORCE DES DIFFÉRENTS

www.editions-jclattes.fr

Sophie Cluzel

LA FORCE DES DIFFÉRENTS

Changer de regard sur le handicap

JC Lattès

Maquette de couverture : Le Petit Atelier
Illustration couverture : Mathieu Sapin

ISBN : 978-2-7096-6930-6

Première édition janvier 2022

À mes enfants Thomas, Camille, Pierre et Julia,
fière des adultes que vous êtes devenus.

Et à mon mari,
qui m'a toujours soutenue
avec son humour légendaire.

« On ne peut pas être différent tout seul. »

Jean-François Revel

« Il n'y a pas de vie minuscule. »

Charles Gardou

Sommaire

Introduction

Je suis arrivée à la maternité le 27 décembre 1995. Mon accouchement s'est déroulé aussi bien que les trois précédents. Julia est arrivée très vite. Joli bébé, ma petite fille, bonheur si particulier de la rencontre, sans une seconde envisager qu'un nuage, énorme, puisse avoir la forme d'une blouse blanche. Celle du pédiatre qui l'ausculte, lui palpe les mains, les retourne. Longtemps. « Vous lui lisez les lignes de la main ? Ma fille aura un bel avenir ? » ai-je fini par demander. Mais la gêne du pédiatre a envahi l'espace. « Votre médecin est là ? » Cette question a eu l'effet d'une cisaille. L'inquiétude est montée. L'impatience aussi. « Dites-moi ce qu'a ma fille. Elle gigote, elle a l'air bien. » Le pédiatre : « Bon, écoutez, il y a peut-être une trisomie. »

L'inquiétude s'est dissipée d'un coup. Le pédiatre m'avait fait peur, j'envisageais une maladie mortelle, un problème de cœur, une pathologie qui pouvait emporter mon bébé. Alors, la trisomie... Trois syllabes au pouvoir magique, mais pervers, à double détente. Le soulagement a laissé la place à une question vertigineuse : qu'est-ce que c'est, la trisomie ?... J'avais en tête l'image d'une personne complètement avachie. C'était ça, la première représentation de la trisomie pour moi. Je me suis effondrée. Encore une épreuve pour le pédiatre, qui a balbutié : « Ne vous inquiétez pas, votre mari va revenir. » Car mon mari, Bruno, était parti annoncer la bonne nouvelle à toute la famille (la clinique se trouvait à côté de notre maison).

Je tenais ma petite fille dans mes bras. Elle n'avait pas l'air différente des autres. En moi, le mot « trisomie » résonnait comme un écho sinistre, celui de mon ignorance. Que signifiait « trisomie » ?

Beaucoup plus tard, j'apprendrai qu'une trisomie se décèle à l'échographie uniquement si elle est excessivement marquée. Par exemple, si le tibia du bébé est très réduit, pronostic d'une petite taille (les personnes trisomiques, en général, sont plus petites de dix ou quinze centimètres). Ce n'était pas le cas de Julia, il n'empêche : je me suis beaucoup demandé si, à l'échographie, le médecin n'avait pas raté quelque chose. Alors, trois mois plus tard, je suis allée le voir, radios sous le bras. Le médecin a eu peur, il a pensé que je m'apprêtais à lui intenter un procès. Je l'ai rassuré. Je n'avais aucune intention de l'attaquer en justice, en revanche, je me disais que mon cas pourrait servir de leçon. Au XXIe siècle, réaliser trois échographies et passer à côté d'une trisomie…

Néanmoins, le sentiment qui domina, plus fort encore que la colère, ce fut l'abattement. Alimenté en grande partie par mes lacunes. Car encore une fois, j'imaginais une personne trisomique très diminuée intellectuellement, incapable d'apprendre et dépendante toute sa vie. Il m'était impossible de me projeter dans cet avenir et ce d'autant moins que, lorsque je posais mes yeux sur ma fille, elle avait l'air absolument normale. Cet effondrement intérieur a aussi été nourri par l'angoisse du pédiatre qui, au lieu de m'informer, de m'épauler, m'a déstabilisée. Il se trouve qu'à l'époque, il animait une émission de radio connue, dans laquelle il expliquait la sexualité aux jeunes. Je l'ai recroisé ensuite. La colère est montée brusquement. « Vous avez fait votre gloire en parlant aux jeunes de sexualité, et vous êtes incapable de regarder une mère dans les yeux pour lui annoncer la trisomie de son enfant ? Ni de lui expliquer ce qu'est la trisomie ? »

Par chance, le personnel de la clinique s'est montré différent du pédiatre. Durant les jours qui ont suivi, j'ai été entourée. J'ai pu poser mes angoisses. Lorsque je suis sortie, mon bébé contre moi, c'était « hardi petit, on va y arriver ».

Mon mari, lui, n'a pas vécu les choses de la même façon. Il ne séjournait pas dans la clinique, n'avait évidemment pas porté l'enfant. Son histoire avec le bébé démarrait au moment du diagnostic, sans ce passé charnel, organique. Pendant quinze jours, Bruno est resté enfermé sur lui-même, catastrophé, abattu. Une fois ce temps d'acceptation passé, il a développé une relation incroyable avec Julia. Leur lien est tissé de complicité, de tendresse et surtout d'humour, de ce second degré qu'il a su transmettre à nos quatre enfants.

À la naissance de Julia, ses frères et sœurs étaient âgés de six, quatre et deux ans. À ces âges, « trisomie » est un mot creux. J'ai donc choisi de ne pas leur annoncer tout de suite. L'épreuve se situait plutôt du côté de mon entourage. Je me souviens des têtes d'enterrement des amis, des voisins. Ils disaient « Oh, ma pauvre », « Ça doit être terrible ». On aurait cru que j'avais donné naissance à un être monstrueux ! Beaucoup insistaient : « Ça va être costaud », « Ne t'inquiète pas, nous serons là », sous-entendu, « La vie qui s'annonce sera un enfer ». Être parent d'un enfant handicapé, c'est apprendre une solitude particulière, nimbée de regards trop doux, de paroles maladroites.

Heureusement, à la clinique, j'ai pu rencontrer la maman d'une fille trisomique qui m'a montré une réalité différente. L'enfant avait sept ans, elle allait bien, elle menait sa petite vie. Cela m'a beaucoup aidée lorsque, étape après étape, en tant que mère, il devient impossible d'ignorer le retard de son enfant. Par exemple, quand il ne marche qu'à dix-huit mois… Les personnes trisomiques sont souvent hyperlaxes (Julia fait facilement le grand écart facial). Leurs tendons sont trop souples, leurs muscles sont dix fois plus mous que les nôtres. D'où l'importance de la prise en charge précoce. Dès l'âge d'un mois, il faut muscler leur corps, voir un orthophoniste afin de maîtriser la langue, pratiquer des massages bucco-faciaux. Je tenais ces conseils de la mère de la petite fille trisomique de sept ans. Les médecins, eux, disaient : « On a le temps, on les musclera entre trois et cinq ans. »

Voilà pourquoi, lorsque j'ai été nommée secrétaire d'État chargée des Personnes handicapées, cette prise en charge a été ma priorité. J'avais vu trop de mamans qui cessent de travailler pour rattraper le retard de leur enfant. J'ai mis en place des forfaits d'intervention précoce, sur la psychomotricité ou l'ergothérapie. C'est un investissement que la Nation doit aux familles, pour éviter les pertes de chances. Il ne concerne pas seulement la trisomie ou l'autisme d'ailleurs, mais tous les troubles du neurodéveloppement, qu'on ne voit pas… Car 80 % des handicaps sont invisibles ! La trisomie 21 est, au fond, le seul handicap mental qui se voit.

Être parent d'un enfant handicapé, c'est apprendre à gérer un grand mélange d'amour et de colère. J'étais en colère contre chaque obstacle dressé contre l'intégration de ma fille. Par exemple, à l'école, la maîtresse qui rechigne à la prendre. J'ai su plus tard que cette maîtresse avait reconnu : « La trisomie me fait peur. » Finalement Julia est quand même venue dans sa classe, et l'année suivante, que s'est-il passé ? La maîtresse a demandé à avoir Julia à nouveau ! Mais je ne lui en veux pas. Les gens doivent pouvoir dire leurs craintes. On ne vaincra les reculs qu'à condition de les entendre. Tout le monde n'est pas spontanément à l'aise avec le handicap. Le pire restera toujours ceux qui promettent « Oh, une personne handicapée, pas de problème », et qui ne s'en occupent pas. Je préfère quelqu'un qui a la franchise de ses peurs plutôt qu'un discours hypocrite.

J'ai été parfois énervée contre Julia. Les parents d'enfants handicapés comprendront... Parce qu'elle peinait à apprendre. Je lui disais : « Julia, il faut m'aider, essaie de marcher. » Elle a du mal à effectuer une manœuvre simple et puis, subitement, elle comprend quelque chose de compliqué... C'est très déroutant. Et enrichissant !

Cette colère ne doit pourtant pas prendre ses aises. Une chose me paraît très importante : les autres enfants de la fratrie. On a tendance, et c'est naturel, à stimuler l'enfant handicapé, surinvestir son éducation. Or il faut garder l'équivalent pour ses frères et sœurs. Je me souviens d'un jour où j'étais en voiture avec Julia et mon fils un peu plus grand. Je suis dans mes pensées, j'ai dû démarrer trop vite à un feu, toujours est-il qu'un policier m'arrête. Il voit Julia assise à l'arrière avec son frère, il me lance : « Ah, mais je comprends, vous deviez vous occuper de la petite. » Puis subitement : « Madame, si je peux me permettre un conseil. Je suis le frère d'un enfant handicapé et toute ma vie, j'ai souffert de l'importance que maman a donnée à mon frère et pas à moi. Alors ne négligez personne. » J'étais stupéfaite. Cette phrase m'a beaucoup aidée. Surtout quand mon fils, né juste avant Julia, a lâché un jour : « Tu as donné de l'intelligence en decrescendo dans la famille. » Cela m'a alertée sur son ressenti, la façon dont il vivait la situation. Du coup, j'ai fait très attention au partage.

Pour enfoncer le clou, un jour, je suis allée à la fondation Lejeune, un médecin m'a expliqué : « Votre petite fille est peut-être trisomique, mais c'est la vôtre, et vous devez l'éduquer pour que les gens disent : “Tiens, c'est une petite Cluzel”, et non pas “Tiens, c'est une petite trisomique.” »

Ces mots, avec ceux du policier, m'ont servi de viatique. J'ai essayé d'égaliser absolument l'éducation. Julia a eu droit à la crèche, à l'école, aux mêmes réprimandes et récompenses. Mon aîné, très protecteur, venait me supplier en douce d'exempter sa sœur de punition. J'ai de la chance car globalement, les trois frères et sœurs de Julia se sont soudés autour d'elle. Ils la faisaient travailler, l'entouraient dans la cour d'école... Cela dit, la surprotection représente aussi un écueil. La première fois que Julia a pris le bus toute seule, je me suis cachée derrière les poubelles jusqu'à l'arrivée du bus, puis j'ai sauté dans ma voiture et suivi le bus ! Mais j'étais tellement fière d'elle.

Aujourd'hui, Julia est en colocation et elle travaille. Quand je l'appelle, elle me dit : « Je suis occupée. » Elle m'épate. Je sais bien que je suis chanceuse par rapport à d'autres handicaps. Julia est gaie, elle communique, ne souffre pas. À la différence de nous, les personnes avec une trisomie sont souvent des êtres de bon sens primaire, très francs, quitte à être désagréables... Ils n'ont pas les filtres sociaux. Un jour, Julia, âgée de treize ans, tombe sur un copain de mon fils. Le pauvre garçon a une crise d'acné. Julia s'exclame : « Houla, ta figure, c'est vraiment moche. » J'ai senti le garçon blessé, j'ai expliqué à Julia, je lui ai appris les codes en société. D'où l'importance d'une éducation *au milieu* des autres, et non pas *à côté*. Ils apprennent beaucoup par mimétisme, ils enregistrent le relationnel au sein d'un collectif et c'est ainsi qu'ils acquièrent leur passeport du vivre ensemble, du savoir-être au milieu des autres.

Alors bien sûr, beaucoup me diront que la trisomie est une forme parmi les nombreuses que compte le handicap, que cela ne suffit peut-être pas à légitimer mon poste. Je pense l'inverse. Ce n'est pas parce que j'ai une fille trisomique que je ne peux pas travailler sur les autres handicaps ! Y compris les handicaps sévères, qui demandent un plateau technique colossal, installent une dépendance, avec peu de possibilités de communication. Je veux mettre la technologie à leur service. Quand vous n'avez qu'un bout de petit doigt pour vous exprimer, plutôt que d'agiter un hochet pour appeler quelqu'un, si l'on peut appuyer sur un bouton qui vous permettra de dire « J'ai besoin d'aide », ce serait beaucoup plus respectueux.

Ce qui m'indigne réellement, c'est l'iniquité du traitement sur le territoire. L'annonce aux parents dès la naissance, la prise en charge précoce dont je parlais tout à l'heure, la formation des médecins, les structures d'accompagnement... ne sont pas les mêmes selon les régions. Le maillage est insuffisant. En France, les enfants ne partent pas avec les mêmes chances selon l'endroit où ils naissent. Même si je sais bien que 80 % des handicaps ne relèvent pas de la naissance et surviennent au cours de la vie, il n'empêche, la puissance publique, les collectivités territoriales sont responsables de cette inégalité. D'autant que nos réponses sont encore trop enfermées dans un schéma qui date des années 50, que l'on a pensé bienfaisant, et qui désormais montre ses limites.

Dès la fin des années 50, les pouvoirs publics ont choisi de déléguer leur action au milieu associatif. De financer des associations pour construire des établissements, protéger, éduquer les personnes handicapées. Porté par le militantisme des parents venus pallier une forme de désengagement de l'État, ce système a atteint ses limites : cette délégation a contribué à placer les personnes handicapées en parallèle, à part, en marge de la société dite ordinaire, de droit commun.

À partir des années 70, l'Europe a connu un mouvement de désinstitutionalisation, c'est-à-dire la fermeture des établissements pour enfants, afin de les intégrer à l'école de tous, qu'ils apprennent *parmi* les autres. Ainsi, en 1971, l'Italie a promulgué une loi qui met fin aux classes spécialisées, suivie d'une autre en 1977 qui consacre le droit de toute personne handicapée à suivre une scolarité normale. Le Canada a suivi la même direction, et bien d'autres pays. La France a attendu 2005… Sans doute notre vision des jardins à la française, où tout est classé, compartimenté. Notre vision d'un État généreux, certes, mais qui s'est beaucoup reposé sur les structures associatives nées des cultes, notamment dans l'après-guerre, et sur les familles. Et qui a un peu abandonné la visée inclusive inhérente aux pouvoirs publics.

2005 représente une bascule. Cette loi de l'égalité des chances fut votée sous Jacques Chirac. Elle pose comme principe que les personnes handicapées sont d'abord des citoyens. Donc ils n'ont plus à s'adapter à la société ; la société doit s'adapter à eux. Ainsi, la loi de 2005 parle d'obligation d'accessibilité, de scolarisation, et surtout de situation de handicap qui peut s'atténuer si l'environnement devient accessible. Elle décide que ce sont des services, et non plus des établissements, que l'État financera. Accompagner des enfants vers l'école du quartier, former les instits, laisser entrer les professionnels dans les classes… À force de côtoyer des enfants sourds, aveugles, muets, autistes, trisomiques, en chaise roulante, les enfants valides intègrent la différence, et plus tard, devenus adultes, dans leur travail, seront à l'aise avec le handicap puisqu'ils auront grandi avec. Engager quelqu'un d'handicapé ne leur posera aucun problème. S'emparer du débat maintenant revient à modifier la génération suivante.

Aujourd'hui encore en France, on raisonne en termes de moyens déployés plutôt qu'en termes de résultats recherchés. Nous sommes un vieux pays avec un passé patrimonial important, ce qui favorise le dogmatisme… Nous sommes capables de dépenser des millions d'euros pour rendre accessible un bâtiment, sans penser au chemin pour s'y rendre ! Le pragmatisme et le bon sens ne sont ni de droite, ni de gauche, mais simplement cardinaux.

Autre obstacle : le degré d'acceptation du handicap n'est pas très élevé dans notre pays. L'indifférence à la différence n'est pas simple… Un regard s'éduque. La preuve, nous sommes passés du rejet à la compassion et maintenant, est en train d'éclore l'empathie. Les Jeux paralympiques participent à cette évolution du regard. Je me souviens de l'engouement pour les Jeux de Londres en 2012, inespéré. Les personnes handicapées révélaient leurs compétences. En 2024, les Jeux olympiques et paralympiques de Paris adopteront le même logo, la même équipe unifiée, car les athlètes olympiques et paralympiques sont avant tout des athlètes. Chacun pratique un sport de façon différente. Ceci est valable pour un collectif comme pour les cas personnels. En tant que mère d'une enfant handicapée, je souhaiterais ne plus avoir à prouver que ma fille a sa place partout. Un jour, mon aînée s'est exclamée : « Je ne comprends pas pourquoi tout est si compliqué. Pourquoi il faut faire des dossiers, la queue, espérer une réponse positive… Quand on a un enfant handicapé, ça devrait être deux fois plus facile ! Tu devrais être deux fois plus accompagnée, deux fois plus aidée. »

Jusqu'aux vingt-trois ans de Julia, j'ai bouclé dix dossiers administratifs. Tous les trois ans, il fallait que je prouve que Julia était toujours trisomique ! Mon médecin généraliste n'en revenait pas, il disait : « Mais enfin, ils n'ont toujours pas compris ? » Imagine-t-on qu'il faille faire tamponner un certificat pour confirmer que vous êtes toujours aveugle ? Doublement amputé ? Avec une myopathie évolutive ? Un autisme sévère ? Un polyhandicap ?...

Quand je suis arrivée au gouvernement, j'ai pensé : « Plus jamais cette maltraitance administrative. Il faut qu'on arrête. » Et j'ai supprimé ces trois ans. Désormais les droits sont ouverts à vie, pour les handicaps avérés avec une répercussion sur le quotidien, évaluée une fois pour toutes. Et pourtant la mesure n'est pas encore déployée partout. Il faut savoir que ce sont les départements qui gèrent les droits des personnes handicapées, alors je travaille à ce que ce soit systématique car il m'importe que les personnes aient les mêmes droits partout en France.

Pas un instant je ne regrette d'avoir transformé mon investissement associatif en engagement politique. Je suis arrivée en 2017 avec une feuille de route précise, soutenue par le président Emmanuel Macron. Depuis 2006, j'ai toujours fait le tour de tous les candidats, sauf Marine Le Pen, avec mon programme. Chaque fois je répétais, j'argumentais, et la plupart des réactions relevaient de l'indifférence polie ou de la compassion dans une vision d'assistanat plus que d'émancipation. Emmanuel Macron, aussitôt, s'est montré réceptif. Cela lui semblait élémentaire de travailler à une véritable participation des personnes basée sur un soutien à l'autonomie. Il en parlait sans tabou, pour lui une meilleure prise en charge au sein de la société relevait de l'évidence. Sa volonté d'émancipation et de redonner du pouvoir d'agir aux personnes, pilier de son programme et de sa vision, inclut également toutes les personnes en situation de handicap, qu'il perçoit comme des citoyens à part entière et non des citoyens à part.

Peut-être aussi avait-il confiance en mon profil. Issue de la société civile, j'avais conscience des attentes et des besoins. Mon approche était pragmatique. D'ailleurs, j'ai pu obtenir que mon secrétariat d'État soit rattaché au Premier ministre et non plus au ministre de la Santé, ce qui permet de responsabiliser l'ensemble du gouvernement. Une question de bon sens : le sport, l'emploi, la culture, l'Éducation nationale, tous sont concernés par l'inclusion des personnes handicapées. Auparavant, le rattachement au ministère de la Santé définissait les personnes handicapées comme des êtres à soigner, les enfermait dans un cadre médical. Le retard de la France provient aussi de là, toujours ce corset de l'étiquette... cesser de les regarder comme objets de soins mais bien comme des sujets de droits. Placer le secrétariat d'État auprès du Premier ministre offre une force de frappe beaucoup plus large.

Reste à démontrer encore combien la différence est une force. Cela doit venir de l'école mais aussi des entreprises. La loi de 1987 impose un quota de 6 % de personnes handicapées dans l'entreprise. Trente-trois ans plus tard, on n'est qu'à 3,8 %, et beaucoup d'entreprises préfèrent s'exonérer en payant des amendes ! Le coercitif ne fonctionne pas sauf à le rendre véritablement dissuasif. La révolution doit venir de l'intérieur. Il faut donner envie, dissiper les réticences. Savoir entendre quand un patron dit : « Ça me fait peur, c'est compliqué, ça va me coûter cher », vision réductrice et encore pleine de préjugés sur les adaptations à faire. Encore une fois, l'ignorance génère la crainte, exactement comme moi quand Julia est née ! L'insertion professionnelle est un choix, un projet de société. Regardez l'égalité hommes-femmes, le sujet a fini par devenir une priorité pour les DRH.

Au Danemark, les personnes handicapées sont facilement intégrées sur le marché du travail. Parce que les employeurs se sont fixé une règle valable pour tous leurs employés, quels qu'ils soient, celle de la qualité au travail. Ils ont donc installé des salles de repos, des cloisons antibruit... Non seulement cela améliore le quotidien des employés, mais permet aussi d'engager des personnes autistes avec des troubles sensoriels. Lorsque le bien-être et la performance sont des objectifs de départ, la différence est plus facile à intégrer. Et les entreprises ont beaucoup à y gagner. Je me souviens de ce concessionnaire automobile qui avait engagé, en agent d'accueil, une jeune fille trisomique. Il me disait qu'en trois mois le taux de mécontentement des clients avait chuté de 40 % ! Idem pour un propriétaire franchisé de trois McDonald's dans le nord de la France. Rien d'étonnant : les gens baissent d'un ton, se montrent plus patients, et l'équipe de l'entreprise recentre ses valeurs, se soude autour d'une personne « autrement capable » qui amène, avec sa différence, une diversité de réactions, de comportements, réinterroge les process de travail... Une personne en situation de handicap dans une entreprise, comme partout ailleurs, génère une vraie plus-value humaine.

Dans cette même logique de respect de dignité et de présomption de compétences, j'ai tenu à ce que les personnes handicapées majeures protégées sous tutelle puissent voter. Pour y parvenir, je me suis appuyée sur l'Europe, qui compte 85 millions de personnes handicapées... Elle est un levier puissant pour améliorer la mobilité internationale ou le droit du travail. Je me suis servie de cette force afin de rendre le droit de vote à celles et ceux qui en étaient privés, sous tutelle. Encore une vision protectrice de la France... Pour protéger ces petits êtres sans défense, on leur interdisait de voter. Mais que je sache, ce ne sont pas des criminels ! Pourquoi refuser ce droit à des gens majeurs, sous tutelle ? Au contraire, c'est en les mettant au cœur de la vie civile que l'on créera une société plus juste. D'où l'importance de développer un langage facile à lire, une façon de les amener vers un projet politique qui leur parlera ou non. Pour cela, j'utilise le droit européen qui s'applique déjà à bien d'autres pays. J'ai organisé un sommet européen avec les ministres chargés du handicap, pour qu'ensemble nous puissions porter des dossiers importants comme la recherche des causes de l'autisme ou la mobilité étudiante. Pour l'instant, nos administrations empêchent un étudiant handicapé de partir avec plus de trois mois de médicaments… Il faut renouveler l'ordonnance tous les trimestres. L'étudiant est donc obligé de rentrer dans son pays juste pour refaire son stock de médicaments, il repart ensuite… Cela me paraît fou ! Cette aberration est bien plus qu'une lubie administrative, elle révèle un blocage, une approche malaisée du handicap.

C'est pour cette raison que ce livre existe. Pendant un an, j'ai rencontré des personnalités, handicapées ou non, pour aborder des sujets que les médias ne retiennent pas. La féminité, la peur, la fratrie, la colère, l'invisibilité, le besoin affectif, l'ambition… Comment cela se passe quand on est une personne handicapée ? Comment nous voient-ils, nous les valides, les « bien portants » ? Toutes ces personnalités ont joué le jeu. Pourtant, l'enjeu de départ n'était pas évident : mettre à nu un versant du handicap, se confier souvent, se heurter parfois. Les instants de grâce furent nombreux. Il y a eu les mots de Claude Chirac, si pudique ; le regard de Gringe qui dérape vers la fenêtre ; celui de Tahar Ben Jelloun qui, au contraire, se plante dans le vôtre ; l'assurance heureuse d'Éléonore Laloux. Les rires ont beaucoup émaillé ces entretiens, car il faut souvent de l'humour pour affronter le handicap. Marie-Amélie Le Fur, Damien Seguin ou Gilbert Montagné ont cette distance salutaire – et comme par hasard, ils ont réussi des exploits. Tous ces intervenants ont eu du courage. Celui de s'ouvrir, de laisser libre cours au sentiment d'injustice, comme Dominique Farrugia, ou d'analyser le regard parfois cruel des autres – un sujet qu'Alexandre Jollien n'évite pas. Le courage, aussi, de voir les choses en face : par exemple, Yannick Alléno aborde le rôle des patrons dans l'insertion professionnelle, Marc-Olivier Fogiel me renvoie la responsabilité de la trop faible présence de personnes handicapées dans les médias.

Ces échanges furent parfois tendus, parfois poignants. Mais ils ouvrent de nouvelles pistes de réflexion, comme on ouvrirait les bras pour faire une place. Tous ces échanges convergent vers une certitude : le collectif gagnera tant à inclure le particulier. Les personnes handicapées font partie de nos vies. J'espère qu'après ce livre, la société les verra autrement, comme des êtres à part entière, qu'elle changera définitivement son regard sur « eux », passera enfin du « ils » au « nous ». Et reconnaîtra la force des différents.

Sophie Cluzel, secrétaire d'État
chargée des Personnes handicapées

Claude Chirac

Qui aide les aidants ?

Silhouette adolescente, un air d'animal sauvage. Claude Chirac n'aime pas se raconter. Une question d'éducation, de caractère. Se livrer lui coûte. Nous nous y reprendrons à deux fois, car au premier rendez-vous, elle n'avait pas saisi qu'il s'agirait d'un entretien, qui plus est concernant sa famille... Mais elle prend le risque, néanmoins. Elle me parle, et accepte un deuxième entretien. Cadeau de la confiance accordée.

Sophie Cluzel : Vous avez été une personne aidante. D'abord pour votre sœur, Laurence...
Claude Chirac : Je n'ai jamais assumé le rôle d'aidant vis-à-vis de ma sœur. J'ai vécu comme des centaines de milliers de gens au sein d'une famille frappée par le drame de la maladie. J'avais

une dizaine d'années quand Laurence a contracté une méningite virale, laquelle, ensuite, a entraîné une très grave anorexie. Mes parents ont toujours veillé à ce que ma vie de petite fille, puis de jeune adolescente soit le moins impactée possible.

SC : Votre lien était très fort ?
CC : Oui. J'avais cinq ans de moins que Laurence. J'ai de merveilleux souvenirs avec elle lorsqu'elle était en bonne santé. Elle était pleine d'énergie, vivante, drôle… De nous deux, elle était de loin la plus douée. Elle avait quinze ans quand elle est tombée malade, c'était presque une jeune adulte, j'ai donc une trace très vive de cette première partie de vie où j'ai eu une sœur à part entière. Ensuite, eh bien, à dix ans, on ne comprend pas tout. Sauf que la vie change radicalement, du jour au lendemain. C'est presque immédiat, très brutal.

SC : Un point de bascule…
CC : Je n'ai pas vécu dans une famille où le handicap survient à la naissance. Cela s'apparente plutôt à un accident qui, par la suite, dégénère. Oui, c'est ça, pour moi la comparaison serait celle d'une famille qui subit un accident de

voiture et du jour au lendemain, tout change. Ma vie en a été considérablement affectée. Je suis devenue la clé de voûte de la famille, il fallait que je reste bien droite dans mes bottes, parce que si moi je commençais à m'effondrer, alors là… Pourtant, malgré les problématiques lourdes pour une enfant, j'ai le souvenir d'une jeunesse heureuse, protégée. En dépit des gestes, des phases à la maison et d'hospitalisation, du sentiment de l'imminence d'une catastrophe…

SC : Lorsque Laurence était hospitalisée, avez-vous pu maintenir le lien ?
CC : Oui, mais le lien change de nature. Laurence entrait dans une autre vie, une autre histoire, un autre rapport à elle-même et à son environnement. Ce n'était plus pareil. Disons que nous étions liées selon des critères qui n'ont rien à voir avec la relation classique entre deux sœurs, dans une famille épargnée par la maladie. C'est une forme qui, peut-être, paraîtrait particulière… Mais c'est notre histoire à nous. Il y avait surtout la menace du suicide. Quand vous déboulez à l'hôpital, au service de réanimation, et que vous voyez dans les yeux de cette jeune fille le désespoir d'être toujours en vie, de n'avoir

pas réussi cette fois encore, que vous mesurez son terrible souhait de s'en aller, alors en effet, cela construit un lien particulier, très loin du schéma classique d'une fratrie bien portante. Pourtant c'est un lien unique, parce qu'on se trouve au cœur de l'essentiel. On est face à la mort, face à quelqu'un sincèrement touché d'avoir raté son suicide – il ne s'agit pas d'appel à l'aide, mais d'une vraie volonté d'en finir.

SC : 80 % des handicaps surviennent au cours d'une vie. 80 % de cassure d'un équilibre familial, de fratrie bouleversée, et aussi de parents dont le rôle, à ce moment-là, est crucial. Votre relation avec eux a forcément été modifiée par la maladie de Laurence, j'imagine.

CC : Sous la pression d'un drame, j'ai vu des familles qui ont explosé. La mienne fait partie de celles qui se sont soudées. Je crois qu'il y a vraiment les deux réactions. Bien sûr, Laurence et moi étions deux, les choses auraient peut-être été différentes si nous avions été quatre ou cinq enfants.

SC : Cela redistribue les rôles. Vous étiez la petite sœur, êtes-vous un peu devenue l'aînée ?

CC : Oui. Mes parents ont fait ce choix. De m'obliger à grandir en accéléré. J'avais une très grosse responsabilité sur les épaules. Je ne pouvais pas, je ne devais pas, poser de problème. En contrepartie, mes parents m'ont donné une totale liberté. Ils avaient confiance en moi. Ils faisaient le pari de ma solidité, de ma capacité à grandir ainsi. Ce pari m'a construite. Et je pense que le choix que j'ai fait, plus tard dans ma vie, alors là pour le coup d'être aidant, au côté de mes parents, il se cristallise là. Si j'avais eu une vie différente, si j'avais grandi dans un autre contexte, sans drame fondamental, je n'aurais peut-être pas pris la même décision. L'idée centrale, qui m'a servi de colonne vertébrale, c'est : les plus fragiles sont prioritaires. Parce qu'évidemment, quand tu as douze ans, quinze ans, tu as tes problèmes, comme tout le monde. Mais mes problèmes, ils étaient ridicules à côté de la situation de Laurence. La plus fragile, c'était Laurence. Elle était prioritaire.

SC : Vous vous retrouvez, finalement, fille sur laquelle on peut et on doit compter…
CC : Oui, mais c'est ma mère qui a porté son enfant et sa famille à bout de bras, toute sa vie,

et du coup, qui a permis à mon père de faire le chemin qu'il a fait. Je ne dis pas que mon père n'était pas affecté ou ne s'occupait pas de Laurence. Mais ma mère assumait la vie quotidienne et ses difficultés. C'était leur équilibre de couple, qui n'appartient qu'à eux. Personne ne peut dire la souffrance d'un père. De plus, nous sommes des taiseux. Je le suis certainement un peu moins que mes parents. Enfin, l'idée générale c'est qu'on ne se répand pas dans des flaques d'états d'âme, il vaut mieux se taire ou agir. Cela n'ôte rien à l'épaisseur du chagrin. Simplement, il est habillé d'un non-dit. Ce n'est pas parce qu'on ne l'exprime pas qu'il n'existe pas. Quarante ans plus tard, je suis convaincue que si je n'avais pas eu cette éducation-là, je n'aurais pas fait les mêmes choix, par exemple mettre entre parenthèses ma vie professionnelle et pour beaucoup personnelle, pour assumer ce que j'estime être un devoir vis-à-vis de mes parents.

SC : Je vois cela comme un enrichissement considérable !
CC : Bien avant la maladie de Laurence, notre père nous emmenait dans les centres pour handicapés physiques et mentaux de la Fondation qu'il

avait créée en Corrèze à la fin des années 60. Il voulait nous montrer ce qu'était la différence. C'est précisément ce que vous dites : la différence est une richesse précieuse, l'occasion unique d'apprendre, de grandir, de s'élever. Notre père nous a éduquées dans l'idée que la différence, c'est la normalité. Pour moi, ce qui n'est pas normal, c'est précisément tout le monde pareil. L'uniformité est anormale, c'est une source d'appauvrissement, de rétrécissement. Ce contexte, cette éducation reçue, m'a considérablement aidée.

SC : Sans révolte, à aucun moment ? Une colère contre le sort ?
CC : Jamais. Jamais. C'est probablement aussi pour ça que je n'ai pas posé de problème. Ni colère, ni révolte.

SC : Peut-être étiez-vous déjà adulte avant l'heure... Avec cette espèce de philosophie de « je prends comme ça vient et je m'adapte »...
CC : Pourtant, certains adultes ont des colères terribles...

SC : Ils n'ont pas grandi, justement.
CC : C'est vrai !

SC : Votre tempérament semble aussi avoir joué pour vous. Vous êtes d'une nature posée, réfléchie.
CC : Oui, mais cela n'écarte pas le risque d'explosion, surtout à l'adolescence. On ne peut jamais prévoir. Je vous regarde, et je me dis que peut-être, vous avez été une ado infernale !

SC : Ah non, très joyeuse…
CC : C'est parce que j'ai des souvenirs très joyeux avec Laurence que j'ai pu tisser un lien différent avec elle.

SC : Quels étaient vos points de ralliement avec elle ? Ce qui permettait de vous retrouver malgré la maladie ? Les discussions, par exemple ?
CC : *(long silence)* C'est-à-dire que ça a été tellement haché… Il n'y avait rien, à l'époque, pour les jeunes comme Laurence. Mes parents se démenaient. Ils essayaient tout pour la sauver. Mais il n'existait aucune structure médicale adaptée, dédiée à l'adolescence en souffrance, nulle part. Plus tard, présidente de la Fondation Hôpitaux de Paris / Hôpitaux de France ma mère créera la Maison de Solenn à Paris puis

des Maisons des adolescents un peu partout en France pour accueillir et soigner les jeunes frappés d'anorexie, de boulimie, de troubles alimentaires lourds. Le lien avec Laurence, c'est difficile d'en parler. C'est très émotionnel, enfin disons que des discussions au sens classique du terme, non, pas vraiment. Malade, elle a continué ses études, passé ses diplômes, en alternant avec des hospitalisations, dans une situation de… Comment dit-on déjà ? Pronostic vital engagé.

SC : En parliez-vous, dans votre entourage ? Ou vous le taisiez ?
CC : Alors ça, c'est complexe. Mes parents ont toujours veillé à ce que la maison soit remplie d'une horde de copains, les week-ends ou en Corrèze l'été. Ce monde extérieur, amical, représentait une dimension compliquée. Je n'assumais pas toujours… J'avais honte, oui, parfois.

SC : Et honte d'avoir honte…
CC : Exactement. Jeune, j'ai éprouvé ces sentiments-là, je n'en suis pas fière mais je les ai eus. Quelquefois, je faisais des gymnastiques incroyables pour éviter qu'un groupe d'amis

aperçoive ma sœur. Ça, oui. Ça, c'est vrai. C'est peut-être la seule part sombre de cette époque.

SC : Puisqu'on en est à la part sombre... Vous n'en avez jamais voulu à Laurence, cette grande sœur vaillante qui subitement met votre famille en état d'alerte ? Il n'y a jamais eu, au fond de vous, l'envie de lui demander des comptes, pour toutes ces frayeurs ?
CC : Non, cela n'aurait eu aucun sens ! Comme je vous l'ai dit tout à l'heure, lorsque vous voyez un être qui pèse 25 kilos se réveiller d'un coma, avec dans les yeux une détresse immense lorsqu'il comprend qu'il est encore vivant. Lui en vouloir de quoi ? Il y a là une détermination absolue, celle de quelqu'un qui a sauté du 4e étage d'un immeuble. Qui peut juger ? Peut-on vouloir rester en vie alors que cette vie est misérable ? Qui pouvait décider coûte que coûte de maintenir Laurence parmi nous ?

SC : Je voudrais revenir sur la notion d'aidant...
CC : Pardon d'insister, mais je n'ai jamais été aidante pour ma sœur. Je ne veux pas m'attribuer des mérites que je n'ai pas.

SC : Néanmoins, vous avez décidé, à un moment, de vous occuper de vos parents, et d'abord de votre père…
CC : C'est une décision très lourde. Et je ne me permettrai jamais de juger des familles qui ont pris une autre décision que la mienne. Moi j'ai pu m'occuper de mon père d'abord parce que j'ai pu m'appuyer affectivement et matériellement sur mon mari. Nous en avions parlé, il a accepté, et sans son soutien, cela aurait été impossible. De plus, j'étais dans la situation d'un enfant unique, si j'ose dire, donc je ne pouvais pas compter sur une fratrie pour assumer et répartir le poids d'un tel choix.

SC : Le choix d'être aidant est difficile, parce qu'on sait que le chemin finira. L'enfant handicapé prendra de l'autonomie, le parent malade s'éteindra… Je pense que s'il faut aider les aidants, c'est aussi au niveau de ce rebond. Ils devront entamer un autre chemin, et il me semble qu'à ce moment-là, il faut les épauler.
CC : Le plus important reste le répit. Lorsque vous avez en charge une personne fragile, dépendante, à domicile, cela signifie que vous devenez patron d'une TPE. Vous faites tourner les

aides-soignant(e)s, les infirmier(e)s, les kinés… Alors quelqu'un qui vient vous soulager en prenant cette organisation en charge, l'espace d'un après-midi ou d'un week-end, même une fois par mois, c'est inestimable. On peut souffler. D'où l'importance d'une équipe de qualité, stable, autour de soi, qu'en général il est difficile de mettre sur pied. La compétence n'est pas le seul paramètre, entrent aussi en jeu la qualité humaine, la sincérité de l'engagement. Quand vous confiez à un étranger l'intégrité et l'intimité de corps et d'esprit d'une personne fragile, vous prenez une très lourde responsabilité. Ce sont des métiers particuliers, à haute exigence morale et éthique. Quand un de ces professionnels a une heure de retard, ou qu'il ne vient pas, c'est une catastrophe. Cela m'est arrivé plusieurs fois, le téléphone sonne à 8 h 05, la personne qui devait venir à 8 heures me dit « Je ne viendrai pas »… Or, quand vous êtes en charge d'une personne malade, assignée à résidence, d'un enfant handicapé ou d'une personne âgée dépendante, alors l'infirmier, l'aide-soignant devient le centre du monde. Toute l'organisation de votre vie et de celle de la personne malade dépend de ces soignants. Il s'agit donc de métiers fondamentaux, à qui l'on doit estime, reconnaissance et juste rémunération. Ce qui n'est pas assez le cas. Par ailleurs, il faut veiller à ce que ces professionnels puissent évoluer au cours de leur carrière. Pour ceux qui le souhaitent, il faut leur donner la possibilité de hausser leur niveau de compétences par les diplômes et la validation des acquis de l'expérience. Je me souviens d'une aide-soignante exceptionnelle, dévouée, fine. Elle avait 1 000 fois la capacité de devenir infirmière. Je l'ai tannée pour qu'elle reprenne ses études et devienne infirmière. Pourtant elle m'a dit : « Ce serait formidable, mais comment je finance mes trois années d'étude si j'arrête de travailler ? Comment j'élève mon fils ? Comment je paie mon loyer ? » Il faut absolument que vous réfléchissiez à ça. La seconde chance, c'est aussi, au-delà de la rémunération, l'expression nécessaire du respect et de la reconnaissance que la société doit à ces professionnels de santé.

SC : C'est déjà réfléchi. Et par ailleurs je me bats pour une validation des compétences des aidants car ils ont acquis au cours de leur vie un réel savoir-faire qui devrait leur servir de diplôme, de passerelle. On est en train de travailler sur

des maquettes de formation très simple. L'idée, c'est de capitaliser leur expertise.
CC : Ah oui, j'aime beaucoup cette idée. Par exemple, probablement que je pourrais être aide-soignante maintenant. Si je passais l'examen, je serais peut-être reçue. J'ai appris avec le temps et au contact de mon équipe. Elles m'ont formée.

SC : La professionnalisation de l'aidant permettrait à l'entourage de mieux comprendre ce qu'implique d'être aidant. Comme on n'est pas souvent disponible, les gens finissent par se demander ce que l'on fait toute la journée. Leur disiez-vous « je suis aidante » ?
CC : Jamais. J'ai toujours eu la crainte de cette question : « Et vous, vous faites quoi dans la vie ? » D'abord parce que la réponse recouvre une réalité intime, celle du déclin de ses parents ; ensuite parce que les gens n'envisagent pas une seconde le degré d'organisation, de responsabilité et de technique qu'il faut maîtriser pour ce rôle. Ils imaginent qu'être aidant, c'est faire la lecture à ses vieux parents. En réalité, ils pensent qu'on ne travaille pas. Qu'est-ce qu'elle fait dans la vie, la femme de Frédéric ? Rien. Elle ne travaille pas.

SC : Que répondiez-vous alors ?
CC : J'étais capable de passer par des méandres ahurissants pour éviter qu'on ne me pose la question ! Franchement, je ne savais pas quoi répondre.

SC : Moi je le disais. Lorsque j'ai arrêté de travailler pour mon père, je répondais : « Je m'occupe de papa. » Bon, forcément, on me demandait : « Mais pourquoi, ça ne va pas bien ? » *(rire)*
CC : On en revient toujours, que ce soit pour le handicap ou le grand âge, à cette société qui a du mal à comprendre, assumer, accepter la différence, la fragilité, la maladie.

SC : Double problème : le regard sur la personne aidée et sur la personne aidante.
CC : C'est la raison pour laquelle, moi, je redoutais la question. Et quand elle ne venait pas, j'étais tellement soulagée.

SC : Et on rêve de quoi dans ces moments-là, pour s'évader de ce quotidien ?
CC : Partir seule, avec mon mari. Le luxe absolu. Partir un week-end, avec nos chiens, et encore…

rien, aucune contrainte, aucune question, la liberté !

SC : Vous n'êtes pas la première qui me dit ça. Cela sous-entend en creux que vous ne l'êtes jamais, libre ?
CC : Jamais. Tu rentres le soir épuisée. Tu as fait le marathon des services hospitaliers. Tu embrayes sur ta vie de famille, comme une deuxième journée, et tu te couches avec l'angoisse du téléphone qui sonne la nuit.

SC : Et par ailleurs, avez-vous été confrontée à des situations où vous vous êtes justement retrouvée vous-même aidante d'aidant ?
CC : J'ai compris qu'avant d'être moi-même confrontée à cette expérience de vie d'aidante, j'étais sûrement passée mille fois à côté de gens dans la même situation que la mienne ces dernières années, et je n'ai pas vu, pas compris leur détresse. Cela ne m'aurait rien coûté de leur donner un peu de temps et, pour eux, cela aurait été immense ! Aujourd'hui, je les reconnaîtrais et je m'arrêterais. On ne mesure pas la charge concrète mais aussi morale, affective quand on ne l'a jamais vécue soi-même.

SC : Tous les aidants parlent du besoin de se ressourcer. Ils ne demandent pas des millions de choses, juste du temps pour eux. Vous connaissez le baluchonnage ? C'est un terme canadien. Cela consiste à relayer. Un service labélisé s'installe à domicile afin que vous puissiez partir quelques jours. Maximum quatre jours en France, à cause du droit du travail. Quinze jours au Canada. Je suis allée vérifier sur place.
CC : C'est une structure d'État ?

SC : Oui, un service d'accompagnement validé et financé par l'État. Les gens ont reçu une formation. Toutes les consignes ont été passées au préalable, il y a un lien permanent avec le service gestionnaire. Ce système est actuellement entre les mains des Agences régionales de santé.
CC : Ça changerait la vie de beaucoup d'aidants !

SC : Vous étiez proche de votre père. Vous l'avez connu vaillant, conquérant, puis malade. Comment avez-vous géré ces deux facettes de la vie ?
CC : Ma chance a été d'avoir un père qui, jusqu'au bout, aura gardé sa dignité. Bien sûr qu'à un moment, le corps se dégrade, mais mon

père a toujours conservé sa tenue, sa dignité était non négociable. Et son humour aussi, il était très drôle. Même si j'ai du mal à l'exprimer, il m'a semblé que plus la maladie progressait, plus mon père se resserrait sur son noyau dur, montrait l'homme qu'il était vraiment. Comme s'il se débarrassait des couches superficielles. Il devenait ce qu'il était profondément, fondamentalement.

SC : C'est étonnant ce que vous dites. Deux jours avant la mort de mon père, il s'est mis en tête de faire la paix avec son ami d'enfance. Il se rendait compte que cet ami avec lequel il s'était brouillé, c'était l'essentiel de son intimité de jeunesse.
CC : Cette brouille datait de plusieurs années ?

SC : Une vingtaine d'années ! Alors qu'ils étaient les meilleurs amis du monde… Eh bien, ils ont pu se retrouver. Cela a été ma plus grande victoire. Lorsque le temps est compté, surgissent les vraies priorités.

Vous qui n'avez pas compté votre peine pour votre famille, avez-vous déjà pensé : « J'espère qu'on en fera autant pour moi ? »

CC : Réflexe maternel de base : je ne veux pas faire peser sur mon enfant ce que j'ai vécu. Je ne veux pas que Martin ait à faire ce choix. D'autant qu'il est fils unique. Votre question ouvre un sujet qui habite tout le monde, celui de son propre déclin. Sujet que souvent l'on préfère éviter, à tort. Il faut penser et anticiper l'éventuelle maladie et la mort. Y penser ne la provoque pas ! Il faut en parler avec son mari, avec ses enfants. Leur dire ce que vous souhaitez et prendre autant que possible les dispositions nécessaires.

SC : Après votre sœur Laurence, après votre père, c'est votre mère dont vous vous occupez aujourd'hui.
CC : Martin, mon fils, s'est souvent inquiété. Il m'a dit : « Maman, quand tu n'auras plus à t'occuper de personne, qu'est-ce que tu vas devenir ? » Cela ne m'inquiète pas. Je suis née comme ça, j'ai toujours l'impression, à tort probablement, que je vais m'en sortir. Autant je suis très angoissée de nature pour les autres, autant pour moi-même, pas du tout. Je me dis demain je repars, je fais n'importe quel métier, je trouverai bien le moyen de gagner un peu ma vie.

SC : Vous allez venir travailler avec moi vite fait, bien fait !
CC : Je comprends les inquiétudes de Martin, cela dit, en plus ce n'est pas comme si j'avais trente ans… Qui va vouloir de moi quand j'en aurai soixante ? Les aidants, ça s'envisage sur la durée. Retrouver une vie professionnelle, redevenir indépendant, c'est un vrai sujet.

SC : Je rencontre ce problème avec les parents de jeunes enfants handicapés, lorsqu'ils deviennent autonomes. Nous sommes en train de monter des services d'accompagnement pour les parents, qui tout à coup n'ont plus de raison d'être. Chaque matin, ils se sont levés pour accompagner, qui un jeune autiste, qui un jeune trisomique, peu importe, et là, ils voient leur enfant s'envoler, se détacher d'eux… et c'est une rupture psychologique.
CC : Beaucoup plus forte, je pense, qu'un enfant « bien portant » qui grandit et quitte la maison.

SC : D'autant que beaucoup de familles sont monoparentales, sur le handicap particulièrement. Ces pères ou ces mères ont tout donné. Ce surinvestissement a porté ses fruits, puisque

leur enfant devient autonome, mais il laisse un vide énorme.
CC : Cette éventuelle détresse psychologique, elle est devant moi. J'ai encore ma mère à charge. Je pourrai en parler quand elle ne sera plus là. Je sais que je devrai faire face.

SC : Vous redoutez ce moment ?
CC : Lorsque survient l'épreuve finale, il y a une différence entre la brutalité du fait, l'inattendu, et l'étirement sur des mois, voire des années, qui permet d'être allé au bout du possible. Le deuil n'est pas le même.

SC : Plus pacifié ? plus doux ?
CC : *(silence)* Non pas plus doux, mais à partir du moment où on se dit qu'on a fait tout ce qu'on devait, tout ce qu'on pouvait faire, donné le meilleur de soi, alors il n'y a pas de place pour le regret ou la culpabilité.

Marc-Olivier Fogiel

Petit écran, grand paravent

Ce jour-là, un policier meurt à Avignon, le meurtrier est en fuite. Marc-Olivier Fogiel, patron de BFM TV, pilote à distance sa rédaction, depuis mon bureau. Soudain il relève la tête. Pose le téléphone. Il est prêt.

Plus tard, ma collaboratrice parlera d'un face-à-face, d'une passe d'armes entre deux aguerris. Changer le regard sur le handicap suppose aussi, parfois, de défendre ses positions... Mais les duels doublés d'estime sont souvent les plus enrichissants.

Sophie Cluzel : Je voudrais vous soumettre deux informations. La première : près de 15 % de la population en France est handicapée. Or, ces personnes sont rares dans les médias, lesquels

sont pourtant censés représenter la pluralité de la société française.
La deuxième : depuis trois ans, tout employeur d'au moins 20 salariés doit inclure 6 % de personnes en situation de handicap. On n'en retrouve que 0,7 % dans les médias, d'après le baromètre CSA, ce qui place le secteur de l'information parmi les plus mauvais élèves.

Faut-il en déduire que les médias ne font pas de place aux personnes handicapées ?
Marc-Olivier Fogiel : Nous ne demandons que ça. Pourtant nous nous heurtons à un problème de recrutement – je ne parle pas ici des invités, mais des journalistes. L'immense majorité des personnes qui sortent des écoles sont « normées ». Je vous donne un exemple : chaque année nous organisons un concours, Défi BFM, qui attribue une bourse ainsi qu'une année de contrat de travail sur la chaîne. Je n'ai pas vu une seule personne handicapée postuler. Or, nous jugeons les candidats sur ce qu'ils produisent, nous n'écarterions jamais spontanément une personne à cause de son handicap.

SC : Beaucoup d'écoles de journalisme ne sont pas accessibles c'est vrai, mais reconnaissez qu'il

subsiste un frein, une autocensure des personnes handicapées.
MOF : Parce qu'elles voient bien qu'aucune école de journalisme ne joue la carte de la pluralité, donc elles n'imaginent pas de débouché…

Après, nous devons faire face à une autre difficulté, qui requiert de l'honnêteté : certains handicaps, par nature, ne sont pas conciliables avec l'activité télévisuelle. Par exemple si vous êtes sourd ou muet. D'autant que notre secteur est de plus en plus polyvalent et un seul journaliste doit savoir, pouvoir travailler tout seul. Aujourd'hui, un journaliste part seul sur le terrain. Il filme, prend le son, interviewe, monte son sujet… seul. Une personne en fauteuil ne peut pas faire tout ça…

SC : Bien sûr que si.
MOF : Je ne crois pas.

SC : Quand on peut traverser le Vendée Globe sur un bateau comme Damien Seguin à qui il manque une main…
MOF : Ça relève de l'exception.

SC : Vous n'imaginez pas les compensations que ces personnes savent mettre en place. Je me souviens d'un chauffeur de bus qui avait perdu son bras dans un accident, eh bien il conduit toujours, le bus a été adapté. Et sur cette polyvalence qui vous limite, pourquoi ne pas proposer à ces personnes des postes plus adaptés, comme la présentation ou la chronique ?
MOF : Avant, un journaliste qui avait une spécialité se cantonnait à sa spécialité. Aujourd'hui, on lui demande pour mille raisons de faire beaucoup plus. Quand je recrute un présentateur, je recrute un présentateur reporter, monteur, qui filme et peut chroniquer… Je ne dis pas que c'est impossible, mais l'embauche d'un chroniqueur qui ne serait que chroniqueur complexifierait énormément les choses. Il serait atypique dans une rédaction. Son handicap le « sectoriserait ». Et puis, soyons francs, même le métier de chroniqueur requiert des compétences que certains handicaps interdisent. Par exemple, la déficience d'élocution en radio est très discriminante.

SC : Et pourtant, certains y arrivent. Il y a des bègues, des personnes qui zozotent…

MOF : Le bégaiement est un handicap, le zozotement, non.

SC : Certains journalistes aveugles font de la radio, ils sont remarquables. Prenez Lætitia Bernard, elle a expliqué que, pendant longtemps, elle s'est interdit de partir en reportage, persuadée que ce serait impossible. Et puis elle a franchi le pas. Elle a fait le tour de France à vélo ! Je souhaiterais vraiment que les médias puissent envoyer ce message : « Ne vous censurez pas, allez vers ces métiers. »
MOF : J'entends très bien ce que vous dites. Je garde cependant ma réserve. Il faut avoir le courage de la lucidité : oui, certains parviendront à dépasser leur handicap ; et non, certains ne seront pas « tout terrain », ne pourront pas couvrir toute la palette du journalisme, car leur handicap les freinera.

SC : Bien sûr, on ne peut pas nier les répercussions d'un handicap sur un travail. Mais vous oubliez qu'une personne handicapée peut se montrer dix fois plus productive qu'un polyvalent. À un moment donné, c'est un choix de RH. C'est une décision : nous voulons plus de personnes

handicapées, donc nous ajusterons les postes. Cela s'appelle une adaptation.
MOF : Ou une complication.

SC : Il faut donner une chance.
MOF : Sans comparer, évidemment, je fais le lien avec la diversité. J'ai exactement le même souci. Nous avons très peu de personnes noires ou d'origine immigrée en plateau. Or, je comprends très bien que ce plateau, alors, ne reflète pas la société française. Pour autant, je n'en trouve pas ! Et ce n'est pas la faute de BFM TV si l'ascenseur social ne fonctionne pas... Pardonnez-moi d'insister, mais le problème vient vraiment des ressources.

SC : Et si c'était votre polyvalence qui fermait les portes ?...
MOF : Je ne pense pas. Les faits sont bien plus têtus que les envies. Je me souviens d'une jeune journaliste qui avait présenté la tranche d'info avec moi à l'époque où j'étais à RTL. Elle était en fauteuil. Nous échangions énormément. Mais chacun savait, elle la première, que sa possibilité d'intégration était réduite. Pourquoi ? Parce qu'elle ne pouvait faire « que » de la présentation,

tandis que ses collègues partaient en reportage. Il y a une difficulté pratique, oui. C'est pourquoi, à titre personnel, et même si je suis à rebours d'une opinion majoritaire, je pense qu'il faut une contrainte. Sans contrainte, le système bougera peu.

SC : Les contraintes existent déjà. Malheureusement, trop d'entreprises paient l'amende et passent à autre chose. Pensez-vous qu'il faudrait, disons, taper plus fort ?
MOF : Le mot, inaudible pour certains, est « quota ».

SC : Le communiqué de presse sera très chouette… « À la demande de votre confrère Marc-Olivier Fogiel… »
MOF : Je le reformulerai, mais je n'y reviendrai pas, c'est ce que je pense réellement. Avec une réelle contrainte, on est quasi obligé de s'y plier. Cela a fonctionné pour la parité homme-femme. Pourquoi cela ne marcherait-il pas pour les personnes handicapées ? Ou pour la diversité ? Pour vous dire l'absurdité du système : récemment, je repère une jeune journaliste black, qui travaille à France 3 Bourgogne. Elle a tweeté qu'elle venait

d'avoir sa carte de presse. Je ne la connais pas, je ne sais absolument pas ce qu'elle vaut, pourtant je me retrouve à la contacter, à l'aveugle ! Je me dis qu'à quelques mois des présidentielles, ce serait bien que les gamins aient un modèle à la télévision, des gens qui leur ressemblent. Si j'ai contacté cette journaliste, c'est d'abord pour être citoyen. Mais il n'est pas normal que je passe par Twitter, sans aucune garantie, et que je m'appuie uniquement sur la couleur de peau de la personne !

SC : D'où votre volonté de contraintes plus coercitives…
MOF : Je crois. On « subira » ces contraintes, mais pour le meilleur… Quand je suis arrivé sur BFM il y a deux ans et demi, une de mes premières réunions s'est déroulée avec un gars formidable, handicapé, qui travaille sur l'intégration. Lui-même reconnaissait que BFM ne met pas de freins culturels à l'embauche. Soyons francs, ces freins existent dans d'autres entreprises, celles qui justement disent : « On paie l'amende et on s'en fiche. » Eh bien, malgré cette bienveillance, la machine est hypra lente, les répercussions sont minimes à l'antenne…

Donc, s'il y avait une contrainte plus forte, nous n'aurions pas le choix.

SC : Rappelons que les trois handicaps visibles sont la chaise roulante, la canne blanche et des handicaps de déficience intellectuelle, comme la trisomie.

Mais 80 % des handicaps sont invisibles. Quantité de jeunes ne veulent pas dire qu'ils sont handicapés, tellement ils ont peur de se faire rejeter… D'emblée, le système de quotas ne prendra pas en compte ces gens-là. De toute façon, je crois profondément qu'il vaut mieux de l'incitatif que du coercitif. C'est, par exemple, mettre en place un baromètre « emploi handicap », qui demande aux entreprises de publier leurs chiffres d'inclusion. C'est une information que les personnes handicapées ont le droit d'obtenir. C'est aussi le principe du job coaching, qui aide les entreprises à embaucher des handicapés psychiques. Ce que je suis en train de vous dire, il faudrait pouvoir l'expliquer au grand public, et ça, c'est le rôle des médias. En pleine pandémie, BFM TV s'est engagée pour la vaccination, un choix que vous avez justifié en disant : « Il était de notre responsabilité de ne pas rester spectateurs. »

Cela vaut aussi pour l'insertion professionnelle des personnes handicapées. Vous pourriez avoir la même démarche citoyenne.
MOF : Je n'avais pas réfléchi dans ces termes-là, mais en effet nous pourrions le faire. Après, n'oublions pas que nous sommes une chaîne d'info, or là, la vaccination était l'actualité. Par ailleurs, vous le dites vous-même, beaucoup de handicaps sont invisibles et dans nos rédactions en fait certains journalistes sont handicapés sans que je ne le sache…

SC : Vous avez parlé des journalistes à l'antenne. Et les invités ?… Là aussi, vous pourriez solliciter des personnes handicapées, non pas parce qu'elles le sont, mais en tant que chefs d'entreprise, expertes dans tel domaine. Et si vous ne savez pas comment les trouver, nous allons rédiger un guide des experts handicapés, sur le même modèle que le guide des femmes expertes.
MOF : Nous utiliserions volontiers ce guide. Il a existé une époque teintée de « cachez-moi cette personne handicapée et mettez-m'en une qui soit présentable ». Cela n'existe pratiquement plus. Dans une autre vie, je me suis retrouvé en prime time sur France 3, une chaîne « tradi ». J'ai

imposé Guy Carlier, 246 kilos à l'époque. Cela n'a posé de problème à personne. Ceci pour vous répéter qu'à la base, il n'y a pas de réticence, on ne se dit pas que c'est plus politiquement correct d'avoir des gens normés. C'est la ressource que vous devez mettre à disposition.

SC : Un peu facile de rejeter ainsi la responsabilité de l'invisibilité… Regardez les reportages réalisés sur les personnes handicapées. Chaque fois, on nous montre soit des gens extraordinaires, soit des miséreux, en grande difficulté. L'héroïsme ou le pathos. Le handicap n'est jamais montré dans sa réalité quotidienne : avant d'être en fauteuil, je suis prof, je fais du sport, j'ai une famille… On parle de la scolarisation des enfants handicapés uniquement à la rentrée, rapidement, sans expliquer les bienfaits pour toute la classe. Les parents d'enfants handicapés, je n'en parle même pas, ce sujet n'existe pas. Les médias ne jouent pas le jeu de la banalisation du handicap.
MOF : Je comprends. Pour être clair, il faudrait plus de Damien Abad[1] ?

1. Damien Abad est un député français porteur de handicap.

SC : Vous voyez un autre modèle dans la classe politique ?…
MOF : Non, c'est vrai.

SC : Et pourtant, la France compte de nombreux maires de commune…
MOF : Mais j'irai chercher le maire d'une commune lambda uniquement parce qu'il est handicapé ?…

SC : À compétence égale, et à légitimité égale…
MOF : Le handicap n'est pas une discrimination.

SC : Vous l'avez bien fait en contactant la journaliste de France 3 Bourgogne…
MOF : Et je vous ai raconté cette anecdote précisément pour vous dire que ça n'était pas normal.

SC : Ce que j'essaie de vous expliquer, c'est qu'à légitimité égale entre une personne handicapée et une autre dite « normale », les médias ne font pas l'effort d'aller vers la première.
MOF : Mais évidemment, ça n'est même pas un sujet. À légitimité égale, s'il y a une personne handicapée, on la prendra. Imaginez, par exemple, une commune inondée. J'envoie une

équipe sur place. Le maire est handicapé, OK, aucune importance, c'est d'abord le maire. Mais s'il ne l'est pas, on ne va pas aller chercher la commune d'à côté, sans inondation, juste parce que ce maire-là, lui, est handicapé ! Ça n'a pas de sens.

SC : Reste que nous tournons autour d'un renvoi de responsabilité. Je dis : « En tant que média, vous êtes chargés d'ouvrir un chemin », vous répondez : « Je suis partant mais vous ne me fournissez aucun candidat. » Faites un effort !
MOF : Mais comment ? On ne va pas former nous-mêmes des journalistes parce qu'ils ont un handicap ! Ce n'est pas notre fonction.

SC : Alors, qui le fera ? Sophie Massieu, la journaliste aveugle, raconte qu'au concours du CFJ, elle a eu comme épreuve le classement de photos…
MOF : Au risque de choquer, cette journaliste viendrait dans notre rédaction, elle ne pourrait pas monter un sujet sur la base d'images…

SC : En effet, et c'est pour ça qu'elle fait de la radio !

MOF : Je ne dis pas que le handicap suppose une impossibilité, mais une particularité. Donc on ne peut pas les considérer comme des salariés semblables aux autres.

SC : D'où l'importance de l'adaptation de l'environnement. La loi de 2005 de Chirac part de ce postulat : ce n'est plus à la personne de s'adapter, mais à son entreprise. Deux personnes, une handicapée l'autre non, peuvent faire le même boulot, mais pour être performante, l'une a besoin d'une adaptation, l'autre non. Et vous verrez que si la personne handicapée ne peut pas remplir telle mission, en revanche sur une autre mission, elle fera deux fois mieux.
MOF : Deux fois mieux que la personne qui n'est pas handicapée ? Non, elle fera comme elle. Comme les autres.

SC : Elle aura des compétences différentes, elle sera capable autrement.

Prenez l'exemple de Virginie Delalande, sourde profonde de naissance. On lui a dit : tu ne seras jamais avocate. Elle est devenue avocate, a gagné des concours d'éloquence. Des plaidoyers d'éloquence, alors qu'elle a des problèmes d'élocution

et qu'elle est sourde ! J'ai besoin des médias pour qu'ils portent ces rôles modèles. Dites-vous bien que plus il y aura de personnes comme ça, plus on mettra de la technologie pour compenser, et plus on ouvrira les possibles.
MOF : Il me revient, un exemple concret. À RTL, pendant un an et demi, nous avons eu un jeune journaliste aveugle en contrat d'alternance. Très objectivement, il n'était ni meilleur, ni moins bon qu'un autre. La réalité malgré tout, c'est que c'était la galère. On est quand même dans des métiers de speed, vous ne pouviez pas lui confier un papier 10 minutes avant l'antenne, il ne pouvait pas y arriver. Pourtant, il était dans le service d'une fille extra, très soutenante, et autour de lui, la rédaction l'accompagnait collectivement. Lui-même a jeté l'éponge. Et ce n'était pas l'entreprise qui n'était pas adaptée… Une difficulté reste pénalisante. Elle ne peut pas systématiquement se compenser.

SC : Il devait sentir qu'il n'était pas à sa place. La réorientation n'est pas un échec. En revanche, il faut oser. Ma responsabilité, c'est d'arriver à faire monter en qualification les gens. Que ces environnements de formation que sont le collège, le lycée, l'université, soient adaptés pour porter des gens en situation de handicap. Mon autre enjeu est d'accompagner les entreprises, assurer la médiation quand elles sont un peu perdues vis-à-vis du handicap – le fameux job coaching, gratuit. Afin que l'égalité des chances ne reste pas une formule.

MOF : Sur ce principe, nous sommes d'accord.

Gilbert Montagné

Handicapé rime avec progrès ?

Sa première phrase : « Je suis content de vous voir. » Il sourit. Puis : « Pardon du retard. Mais ma femme ne m'a pas laissé conduire. » Il est très difficile de résister à l'humour de Gilbert Montagné. Son appétit de la vie l'a sauvé de tout. Il est à l'aise, tend l'oreille, semble toucher l'espace. Il « voit » autrement. Et choisit la franchise pour parler de la technologie, cet outil qui souvent aide, parfois entrave…

Sophie Cluzel : C'est parce qu'Edison était sourd qu'il a inventé le phonographe. Il disait que la surdité ne diminuait pas ses capacités, mais augmentait sa faculté de concentration. Pensez-vous que le handicap favorise la prouesse technique ?
Gilbert Montagné : Je vous répondrai par une autre question : connaissez-vous la véritable

histoire de la télécommande ? Aux États-Unis, un soldat est revenu du Vietnam privé de ses jambes. Un jour il s'est plaint à un de ses amis, bricoleur, de ne même plus pouvoir changer les chaînes de sa télévision. Et ce copain lui a fabriqué une télécommande. Ce que je retiens de cette histoire, et de celle d'Edison, c'est l'usage pour tous de certains objets initialement prévus pour les personnes handicapées. Le dernier exemple est récent : Steve Jobs a vocalisé tous les produits Apple, sans surcoût. Avant lui, la vocalisation revenait plus cher que l'ordinateur, une véritable escroquerie ! Disponible uniquement au sein d'associations pour déficients visuels.

Lorsqu'il y a accessibilité, on se sent pleinement intégré dans le monde. C'est un petit retour d'amour. Saviez-vous que pour les aveugles une souris d'ordinateur ne sert à rien. Fort heureusement, il existe les raccourcis clavier. Un non-voyant, dans l'est de la France, a même créé ses propres interfaces pour qu'un logiciel musical, utilisé par tous, nous soit accessible. Alors oui, le handicap peut générer des prouesses technologiques, lesquelles se révèlent parfois désastreuses…

SC : La technologie peut être source de régression ?
GM : Regardez les machines à laver, les tables de cuisson. Tout est plat, sans relief, numérique... Tactile, sans repère visuel ou vocal. J'ai dû mettre des stickers autour de mes plaques à induction, pour m'y retrouver. Car sans bouton cranté, on ne peut pas identifier le programme ou la température désirée. Pour y remédier, j'avais réuni les acteurs de ce que l'on nomme les « produits blancs ». Les machines à laver, lave-vaisselle, sèche-linge... Cela n'a rien donné. Mes interlocuteurs hochaient la tête, disaient comprendre, et à l'arrivée, rien n'avait changé. La vocalisation doit être tout simplement généralisée.

SC : C'est la recherche du design invisible. Tout est lisse...
GM : Mon problème n'est pas le handicap, mais le sur-handicap. Ce sont toutes ces petites choses qui nous compliquent la vie. Par exemple, les biberons. La paroi est lisse, en effet, une maman non-voyante ne peut pas doser le remplissage d'eau. Ou les terminaux de carte bleue : comment puis-je savoir le montant indiqué ? Je dépends entièrement du commerçant qui tape la somme à débiter. Je suis à la merci d'une arnaque, je n'ai

aucun moyen de vérifier. Ou encore les boutons d'ascenseur qui, trop souvent, ne sont pas en braille… Ma terreur, c'est de confondre le rez-de-chaussée et le 3e sous-sol.

SC : Du coup, vous devez demander de l'aide…
GM : Ce n'est pas un problème, mais ce serait mieux d'être autonome… Et puis les gens manquent d'informations.

Vous me faites rire, vous, les voyants : en présence d'un aveugle, vous parlez subitement plus fort ! J'ai déjà été obligé de préciser que je n'étais pas sourd… Et puis vous voulez toujours que je m'asseye. « Asseyez-vous, monsieur. »

Ce n'est jamais méchant de votre part, je pense vraiment que c'est une question d'ignorance. Vous vous demandez comment parler à un non-voyant, ce que vous pouvez dire ou non… Quand on cherche son chemin, vous nous aidez gentiment. Mais bien souvent ce n'est pas la bonne direction ! Et lorsque nous osons vous le faire remarquer, vous semblez dire en mode « lui, il ne voit rien, alors comment il peut savoir ? ». Pour vous, ne pas voir avec les yeux, c'est ne pas voir du tout.

SC : Avez-vous déjà eu un chien ?
GM : Oui, mais celui-ci n'étant pas un chien guide, c'est moi qui le guidais !

SC : Et toutes ces petites défaillances d'accompagnement ne vous mettent pas en colère ?
GM : Non, je crois qu'il faut comprendre l'autre, c'est le seul moyen d'avancer. Vous savez, je suis né prématuré à cinq mois et demi, sur la table de la cuisine, en plein hiver. Je pesais 950 grammes. Le temps que les secours arrivent, le docteur qui vivait dans l'immeuble a prévenu mes parents : « Ce petit va s'éteindre comme une bougie. » Mais non ! J'étais déjà allumé, je ne me suis pas éteint. J'ai été transporté à Port-Royal en catastrophe, au service néonatalogie, où je suis resté trois mois et demi en couveuse. C'est là que le médecin m'a donné trop d'oxygène, ce qui a brûlé mes nerfs optiques. Mais c'est là aussi que j'ai forgé ma confiance en la vie. Oui, j'avais décidé de vivre. J'avais décidé d'aimer le monde avec la certitude qu'il m'aimerait.

SC : Et vos parents ?
GM : Ils étaient d'origine modeste et avaient déjà trois enfants… À ma naissance, ne disposant

pas du mode d'emploi, ils ont simplement dit : « On va l'élever comme les trois autres. » Et j'ai eu une enfance merveilleuse. À six ans, mes frères et sœurs m'ont amené au cinéma ! Ils n'avaient pas besoin de me décrire le film. J'étais parmi les autres et ça allait. Si nous, personnes handicapées, ne gagnons pas notre place, le monde ne viendra pas vers nous ! L'important est la rencontre, pas de savoir qui fait le premier pas.

Idem pour l'école ! Je n'étais pas le bienvenu dans un établissement « ordinaire ». Sincèrement, je ne comprenais pas pourquoi. Alors que les enfants voyants s'y rendaient chaque matin… J'ai attendu le jour des inscriptions et téléphoné au lycée Voltaire. Je n'ai pas spécifié que j'étais non-voyant. Un rendez-vous m'est donné. Le directeur a un petit recul, il me dit :

« Bonjour jeune homme, vous venez pour quoi ?

— Pour m'inscrire.

— Vous n'y pensez pas !

— Si, bien sûr.

— Écoutez, nous n'avons pas d'élève aveugle. Imaginez, dans la cour, ils vont vous bousculer, vous faire tomber…

— Je ne suis pas en plastique. Et puis j'ai une bonne nouvelle : vous m'essayez, si je ne fais pas l'affaire vous me renvoyez. Ce ne sera pas grave. »

Et mon intégration a très bien fonctionné. Donc encore une fois, c'est aussi aux personnes handicapées de « dés-handicaper » un peu le sujet. De croire en elles-mêmes. Car le mot « handicap » peut devenir plus important que la personne. Ça, c'est un gros handicap...

Cette position ne fait pas l'unanimité chez les non-voyants. Je dirai même que c'est la communauté avec laquelle j'ai eu le plus de problèmes ! Au début de ma carrière, beaucoup m'ont reproché de me servir du handicap pour faire ma publicité : « Tu parles d'une pub ! » Ces critiques m'ont fait de la peine. Alors que, sur les plateaux de télévision, je bataillais pour parler du handicap 30 secondes à la fin de ma chanson...

SC : Comment expliquez-vous cette réaction ? Une forme de jalousie ?

GM : Plutôt de la bêtise, qui, pour le coup, est égalitaire. Je pense que s'ils avaient été voyants, ils auraient été tout aussi stupides. Leur rancœur est injuste, parce que je ne ménage pas mes efforts. Prenez entre autres l'audiodescription...

SC : Je me souviens bien, c'était Xavier Bertrand, alors ministre de la Santé en 2005, qui vous avait chargé d'une mission sur le handicap visuel...
GM : Mon ambition a été de développer l'audiodescription, une de mes grandes fiertés. Ce procédé consiste à décrire les scènes muettes d'un film. Non pas de raconter l'histoire, les aveugles ne sont pas stupides... Mais par exemple, si un acteur lève la main, je ne peux pas le savoir ! Auparavant, seule la chaîne Arte l'utilisait. Au cours de cette mission, j'ai interpellé les présidents de chaînes, je savais qu'ils ne faisaient rien, donc j'étais tranquille ! Je les ai conviés dans l'une des associations (AVH) qui se chargeaient de cette avancée, ils ont ainsi découvert ce qu'était l'audiodescription. Avec l'aide précieuse de Michel Boyon, alors président du CSA, qui m'a soutenu ; désormais, chaque chaîne qui a plus de deux points et demi d'audience doit proposer l'audiodescription. Je ressens de la fierté, jusqu'à ce jour, dans le fait que le premier programme diffusé en audiodescription par France Télévisions fut mon *Rendez-vous en terre inconnue*, grande émission imaginée par Frédéric Lopez pour qui j'ai beaucoup d'amitié.

SC : Le théâtre, le cinéma y ont été sensibles à leur tour ?
GM : Je suis intervenu lors de la convention des exploitants de salle de cinéma. Je leur ai annoncé une bonne nouvelle : « Vous faites de l'audiovisuel, eh bien sachez qu'il existe l'audiodescription ! 90 % des films sont déjà produits avec la piste numérique 6, qui permettra le descriptif, cela coûtera mille euros par salle. Vous n'êtes pas obligés de le faire, mais moi je ne suis pas obligé de ne pas dire que vous n'avez pas bougé. »

SC : Vous dégagez une telle énergie que j'en viens à me demander si vous considérez réellement votre cécité comme un handicap !
GM : Je n'ai pas perdu la vue ; j'ai toujours eu la mienne. Donc je ne peux pas parler d'un traumatisme. Et puis je vois, à ma façon. L'énergie que je n'utilise pas pour la vue, je la recycle et la mets au service d'un autre canal : la mémoire, l'ouïe, la concentration, l'intuition… Au fond, qui me prouvera que je ne vois pas clair ? Je sais repérer les petits miracles. Quand je fais tomber quelque chose et que ma main se pose directement dessus… Chaque fois, je n'en reviens pas.

C'est beau, c'est très beau. Il faut croire en la force intérieure, miser sur l'espoir, vraiment.

SC : La science fait des progrès immenses. Par exemple, l'exosquelette permet à des personnes invalides de pouvoir marcher à nouveau. Si cela était possible, auriez-vous envie de retrouver la vue ?
GM : J'accepterais sans doute l'opération mais je ne le dirais à personne *(sourire...)*. Je continuerais à porter mes lunettes. Je ferais croire que je suis toujours non-voyant. Et je pourrais voir comment les gens se comportent...

Dominique Farrugia

Le Paris-Dakar quotidien

Ni la maladie, ni le fauteuil roulant ne tiendront l'élégance à distance. Au moment de notre entretien, Dominique Farrugia est vêtu d'un costume, coupe impeccable, cravate assortie. Comme si la colère était un maintien. Car il est en colère. L'indignation affermit sa voix et l'impose, lui, le prétendument affaibli, en force qui s'affirme, puissance ironique et debout.

Sophie Cluzel : Pourquoi avez-vous tenu votre maladie, la sclérose en plaques, secrète pendant si longtemps ?
Dominique Farrugia : C'est très simple. J'ai eu peur de perdre mon travail. C'était il y a une trentaine d'années, à l'époque il était inenvisageable

d'en parler. J'entendais déjà la défiance, les : « Tu devrais arrêter, tu es malade. » Donc je n'ai rien dit.

SC : Vous avez dû développer une sacrée force de compensation…
DF : Je pense même que cette maladie a décuplé ma force de travail. Quand elle s'est déclarée, j'étais auteur comique, celui qui vomit quand il est content[1]. Aujourd'hui, je suis président de Shine Fiction. Entre les deux, vous imaginez bien combien j'ai dû me réinventer. Lorsque j'ai été diagnostiqué, une amie psy m'a dit : « Il y a deux manières de vivre avec cette maladie. Ou tu la vis comme une amie, tu restes au lit et tu te plains ; ou tu la vis comme une ennemie, tu te lèves tous les jours et tu vas travailler. »

SC : Vous avez pris la deuxième option…
DF : Ma grande chance a été de ne jamais avoir de chefs, mais des patrons. Une différence d'envergure et d'approche… Mes patrons me voyaient comme un être humain et non comme un invalide.

Et puis, je dois l'avouer : valide pendant un certain temps, je n'avais aucune idée des

1. Référence à son personnage dans le film *La Cité de la peur.*

difficultés rencontrées par les invalides. Lorsque je me suis retrouvé en chaise roulante, après une chute, il y a presque quatre ans, j'ai compris d'un coup le calvaire que représente un seul petit trajet en ville. Des trottoirs étroits, des nids-de-poule tous les deux mètres, des passages piétons très compliqués… La ville vous prive d'autonomie.

SC : Si vous appreniez votre maladie maintenant, vous l'annonceriez ?
DF : Oui. La société a changé son regard sur cette maladie. De plus, il y a une meilleure connaissance de la sclérose en plaques, les traitements ont beaucoup évolué. Quand je suis tombé malade, pendant près de dix ans j'ai dû me contenter de la cortisone. Depuis sont arrivés divers traitements, dont la Copaxone, qui permet de réduire la progression et la fréquence des poussées. Mais attention, je ne dis pas que l'on arrive à trouver facilement du travail, vous le savez, 80 à 90 % des malades de la sclérose en plaques sont au chômage aujourd'hui. C'est une maladie plutôt invisible au début, mais il y a une fatigue chronique constante. Des troubles du sommeil, des troubles de tout… Sans parler de cette épée de Damoclès constante que vous

portez, parce que vous ne savez pas si demain matin vous allez pouvoir vous lever.

SC : Qu'est-ce qui vous a décidé à en parler ?
DF : La libération de la parole est toujours un peu… bizarre. Thierry Ardisson m'a lancé un jour : « Viens parler de ta maladie dans *Tout le monde en parle.* » J'ai accepté. C'est vraiment étrange. C'était en 2006, je vivais depuis dix ans dans le silence, le déni aussi.

SC : Ce n'est pas condamnable. Il s'agit aussi de se protéger.
DF : Je fonctionne ainsi. C'est une fois arrivé devant le temple maya que je m'aperçois qu'il y a des marches ! Depuis quatre ans, je vis totalement en fauteuil. Avant, j'étais en demi-autonomie. C'est-à-dire que j'avais un rayon de vingt mètres où je pouvais me déplacer, m'habiller seul. Là, j'ai découvert la perte d'autonomie totale.

SC : Vous vivez donc cette dépendance permanente aux autres…
DF : J'ai la chance d'avoir une famille joyeuse et sympathique, une épouse formidable. Quand on s'est mariés, j'étais debout, donc il y a eu un

peu mensonge sur la marchandise... Ce qui est très pénible pour les aidants, c'est d'être là tout le temps, répéter les gestes, sans voir le début d'une amélioration. J'essaye de me plaindre le moins possible, mais je me plains. On essaye de ne pas embêter les autres, mais de toute façon on les embêtera... Quand on est « sclérose en plaques », on est plus fatigué que la moyenne, surtout quand on bosse dans la semaine. On a envie de se reposer le week-end, alors qu'avec la famille on serait heureux de se balader, aller au musée ou voir un film. Et puis tout prend de ces proportions ! Pour aller au musée d'Orsay, il faut prendre rendez-vous, toutes les entrées pour chaises roulantes sont compliquées. Quelqu'un doit vous ouvrir les ascenseurs, qui ne sont pas en accès libre. En fait, rien n'a été pensé pour les gens à mobilité réduite.

SC : Récemment, vous avez poussé un coup de gueule à propos des places handicapées au centre du cinéma Beaugrenelle à Paris.
DF : Le cinéma Beaugrenelle est complètement accessible. Et tout le monde m'a écrit pour me dire « c'est accessible, espèce d'idiot ». Oui, je sais, merci. Mon coup de gueule portait sur le

placement. On nous scotche en haut de la salle ! Je fais du cinéma depuis trente ans, et je sais que si je veux avoir la meilleure capacité de cette salle, il faut être au cinquième rang au milieu. En haut, vous avez à peine le son ! Personne n'a pensé à réaliser une pente douce, afin de libérer les places au centre ou sur le côté des rangées. Dans tous les grands complexes, l'accessibilité est située en haut des salles. Quand elle existe... Vous savez combien de cinémas sont accessibles sur les Champs-Élysées ? Un seul. Une petite salle qui passe des films très pointus.

SC : Tout à l'heure vous avez parlé de la ville. Prenons Paris. Le quotidien en fauteuil roulant relève du Paris-Dakar ?
DF : Je connais bien Paris, puisque j'y vis. J'ai la chance d'avoir quelqu'un qui m'accompagne, un fauteuil électrique, d'habiter un très joli appartement classé monument historique, avec un ascenseur, dans lequel mon fauteuil n'entre pas...

SC : Comment faites-vous alors ?
DF : J'essaye de me mettre sur mes jambes parce que j'ai perdu 45 kilos. On m'a enlevé les 2/3 de l'estomac, et aujourd'hui, j'arrive pratiquement à

me relever. Ou alors je demande que des ambulanciers me descendent. On a un immense escalier de service, qui a dû servir à une époque, que plus personne n'emprunte, on pourrait en faire un superbe ascenseur, mais les pompiers nous ont expliqué que c'est le seul moyen de sortir en cas d'incendie.

Une fois parvenu en bas de mon immeuble, la réalité parisienne me réserve de nombreuses réjouissances. C'est ce petit rebord de trottoir qui existe à chaque passage piéton, vous ne vous en rendez pas compte mais c'est un enfer pour les passer. Le bus a beau être accessible, s'il est bondé, vous ne rentrez pas. Il paraît que la maire de Paris veut une ville inclusive... Je les ai rencontrés quarante-deux fois, les gens de la mairie. Ils ne m'aiment pas. Ils pensent que je suis dans une opposition systématique. Par exemple, ils se réjouissent du nombre de pistes cyclables. Je leur signale que si on pense aux vélos, on peut aussi penser à revoir le trottoir et le passage piéton pour les PMR... J'ajoute que moi aussi, j'ai des roues, j'aimerais bien profiter de leurs pistes, mais... il est interdit d'emprunter la piste cyclable avec un fauteuil !

SC : De même, vous ne pouvez pas aller vous balader sur les quais de Seine parce qu'il y a des

plots, des escaliers, il faut aller faire des centaines de mètres pour attraper une piste qui descend…
DF : Autre exemple de transport : j'ai pris un billet première classe sur l'Eurostar. En arrivant à la gare, on m'a dit : « Désolé monsieur, il n'y a pas de place en première classe pour les fauteuils. »

SC : Avez-vous le sentiment d'être considéré comme un sous-citoyen ?
DF : Totalement. Et ce n'est pas un sentiment, c'est une réalité, qui se rappelle à moi à chaque fois que je bouge. Quand je parviens à entrer dans un musée, ce qui, je l'ai dit, relève déjà du parcours d'obstacle, que croyez-vous que je vois ? Le bas du tableau. Je ne suis pas à la hauteur… Une fois dans l'année, il serait possible de réaliser un accrochage handicapé, d'abaisser les tableaux. De la même façon, je me souviens d'un hôtel avec une chambre pour handicapé bien fichue, sauf le miroir dans la salle de bains, à hauteur d'homme debout. J'ai pris une photo, je l'ai envoyée au directeur en lui demandant : « Que voyez-vous ? » En parlant de salle de bains, je ne compte plus le nombre de fois où, en arrivant dans une entreprise, j'entends : « Ne t'inquiète pas, on a des toilettes pour handicapés. » Non, vous n'avez pas

de toilettes pour handicapés. Vous avez mis un truc, une sorte de barre mal placée, la plupart du temps vous y avez collé le papier toilette, ce qui nous oblige à choisir entre se lever ou prendre du papier toilette. La personne qui a jugé ce dispositif « aux normes » ne s'est pas assise, et bien entendu elle n'est pas PMR.

SC : La personne qui a validé est valide…
DF : Exactement.

SC : Votre célébrité vous aide à faire avancer les choses ?
DF : Je suis le « malade connu » de service. On m'appelle pour deux raisons : « Viens témoigner, on a la journée du handicap », et « Viens témoigner parce qu'il y a la journée de la sclérose en plaques ». Ce sont les deux journées où je refuse les interviews. On vit dans des villes qui nous empêchent de vivre. Alors non.

SC : Les personnes handicapées devraient être des militants actifs dans les municipalités.
DF : Mais est-ce qu'on leur a proposé ? Est-ce qu'une seule liste les a inclus ?

SC : Est-on obligé d'attendre une proposition ? On peut décider d'être acteur, avoir le pouvoir d'agir, imposer son expertise.
DF : La société nous a exclus de tout, tout le temps. Et ce serait à nous de lever la main ? Le véritable problème aujourd'hui c'est qu'on nous écarte du travail, des loisirs, des transports. Quand je vois des images du palais Bourbon, les longues marches que descendent et montent les députés, je me dis que je ne pourrais jamais être député puisque je ne peux pas y rentrer ! Tout simplement. D'ailleurs, pardon madame la secrétaire d'État, mais combien avez-vous de personnes handicapées dans votre gouvernement ?

SC : Pas beaucoup, je sais bien. Votre phrase, « on nous écarte », est hélas significative de la culture française. Dans les années 50, le service public a délégué aux associations la gestion du handicap. Les personnes handicapées ont été éloignées, décentrées, avec l'idée que la vie extérieure est dangereuse et compliquée…
DF : Résultat, on a déresponsabilisé la plupart des handicapés. Une remarque : grâce à l'imposition de quotas, les femmes siègent dans les conseils d'administration. Je suis plus que

féministe, et je trouve ça dingue qu'il ait fallu passer par les quotas, mais vous leur avez fichu la trouille ! Alors, pourquoi pas un quota de personnes handicapées, afin qu'elles interviennent dans des décisions municipales ?

SC : J'ai redonné le droit de vote aux personnes majeures protégées sous tutelle. Vous imaginez qu'on avait demandé au juge de leur retirer du fait de leur handicap ? C'est indigne. Et maintenant qu'elles sont électeurs, je veux qu'elles soient éligibles. Donc oui, il faudrait se diriger vers les quotas. Si les personnes à mobilité réduite participaient à la conception, la réalisation, des aménagements et travaux, les mauvaises surprises seraient moins nombreuses.

Vous qui avez beaucoup voyagé, avez-vous vu des pays où cette conception universelle de l'accessibilité pour tous a été travaillée en amont ?
DF : Oui, à Londres. Les taxis disposent d'une rampe, ça change tout. Les trottoirs et les passages piétons sont pratiques. L'espace est pensé pour qu'une PMR puisse être autonome. En 2012, le maire Boris Johnson a accueilli les Jeux paralympiques, il a mis aux normes les métros. En 2024, ce sera au tour de la France. Qu'a-t-elle

prévu pour les athlètes paralympiques dans la ville, au niveau des transports ?

SC : Justement, ces Jeux paralympiques pourront servir d'accélérateur. J'ai mandaté le préfet d'Île-de-France pour me faire une proposition d'amélioration des nœuds de communications, rendre accessibles les correspondances des transports. Quant au village olympique, il sera 100 % accessible, c'est mon laboratoire. On fera de l'héritage des logements sociaux de la ville de Saint-Denis une cité accessible pour tous les types de handicap, mental, psychique, oral… La différence entre Paris et Londres, c'est qu'à Londres vous avez une autorité compétente de transport. Je vais aussi m'inspirer des Jeux paralympiques de Tokyo. Là-bas, ils ont construit des escalators avec des plateformes qui s'ouvrent pour les personnes handicapées. On appuie sur un bouton, deux marches se déplient, et on monte !
DF : La seule fois où je suis allé au Japon, je marchais encore mais j'ai vu cet escalator. C'est extraordinaire.

SC : C'est beaucoup mieux que de faire des ascenseurs avec notre métro qui s'enfonce, a des

problèmes de canalisations partout, des lignes parfois accessibles et des correspondances qui ne le sont pas. On ne sait pas être pragmatique. On a le dogmatisme ancré en nous. Lorsque les pays nordiques ont pensé qualité de vie au travail, ils l'ont pensée pour tout le monde. Ils ont conçu des bureaux avec des salles de repos, des cafétérias, des lieux de bien-être... L'insertion des personnes handicapées a été facilitée. C'est ce que nous devons faire : penser le bien commun pour tous.
DF : Cela me rappelle les TGV à deux étages. On a étudié une plateforme qui monte et descend pour vous installer au niveau inférieur. Mais il faut qu'un agent ait la clé pour l'activer ! Nous voilà de nouveau dépendants !

SC : Aujourd'hui, si vous aviez un coup de baguette magique, qu'est-ce que vous changeriez pour que la vie d'une personne à mobilité réduite s'améliore ?
DF : Un, les transports. Deux, la possibilité des PMR de pouvoir louer un fauteuil électrique comme on loue un Vélib. Vous savez, c'est dur de monter une rue avec les bras. Je rêve d'un fauteuil ultraléger, avec des batteries. De nombreux

chercheurs travaillent là-dessus, c'est un marché lucratif à l'échelle de l'Europe.

SC : Aujourd'hui, pouvez-vous vous balader seul dans votre quartier, faire le marché, aller à la Poste, prendre un café ?
DF : Vous avez des enfants, vous connaissez le problème de la poussette dans Paris… Cela vous donne déjà une idée de la galère en fauteuil. Pour aller au marché, je dois traverser un carrefour, éviter les rebords, nids-de-poule, etc. Mais j'arrive à aller au café tout seul.

SC : Il y a des toilettes adaptées ?
DF : Bien sûr, mais les toilettes handicapées pour hommes sont absolument dégueulasses. Pourquoi ? Parce que tous les hommes qui ne veulent pas attendre utilisent les toilettes de PMR, ils pissent comme des sagouins, et vous, vous êtes obligés de vous asseoir sur la cuvette. Voilà. C'est partout comme ça. C'est notre vie, et ça n'est pas juste.

Marie-Amélie Le Fur

Esthétique du handicap

Ce que l'on retient d'abord, c'est son sourire. Quand Marie-Amélie Le Fur, plusieurs fois championne du monde d'athlétisme, médaillée d'or olympique, entre dans mon bureau, c'est comme si j'avais allumé la lumière. Avec elle, j'aborderai le thème de la féminité. Elle n'y a jamais renoncé. Les bijoux, les habits, la coiffure, le soin de soi, tout cela est compatible avec un handicap. Son sourire ne laisse aucun doute.

Sophie Cluzel : À quinze ans, après un accident de scooter, vous êtes amputée d'une partie de la jambe gauche. Comment l'adolescente que vous êtes alors réagit-elle face à cette transformation radicale de son corps ?

Marie-Amélie Le Fur : À cet âge, je n'étais pas consciente du regard que la société porte sur les personnes en situation de handicap. Cette ignorance m'a vraiment protégée. Je n'avais pas de tabou, je ne me suis pas enfermée dans une case. De plus, je voulais devenir pompier professionnel. Deux fois par semaine, je mettais ma féminité au vestiaire et j'endossais l'uniforme. Je m'intégrais dans une communauté où l'apparence physique compte moins que la personnalité et les valeurs. Voilà pourquoi j'ai pu m'accepter assez facilement. Le sport m'a également beaucoup aidée. Reprendre le sport rapidement après l'accident me permettait de me (re)définir autrement que par mon handicap, j'étais alors une adolescente, sportive, en situation de handicap et non simplement « une handicapée ». Le poids du regard sociétal, je l'ai plutôt ressenti à travers l'inquiétude de mes parents, de ma maman qui avait peur justement de l'image que les autres pouvaient me renvoyer.

SC : Étiez-vous en colère contre ce corps qui changeait d'apparence, qui vous trahissait ?
MALF : Non. Tout de suite, je me suis sentie obligée d'avancer pour mes proches. Je les voyais

dévastés, ce n'était plus l'image de la famille insouciante que j'avais connue. J'ai vite compris que ma capacité à accepter le handicap les aiderait à franchir le pas. Je ne dis pas que je n'ai jamais pleuré... Notamment la première fois que j'ai acheté des chaussures... Pour être totalement transparente, il y a une image de moi que je n'ai pas encore totalement acceptée : lorsque je me regarde dans la glace sans ma prothèse.

SC : Cela vous gêne vis-à-vis de votre mari, de votre fille ?
MALF : Non, même si je fais attention, parce que c'est une image un peu violente. Ce qui me dérange, ce n'est pas le moignon, mais ce corps qui n'est pas fini. Il manque un bout. C'est plus bizarre que gênant. Pour ma fille, je pense que de la confronter si jeune au handicap est positif. C'est lui démontrer la richesse et l'importance de nos différences.

SC : Cependant votre corps vous l'avez sollicité en vous remettant au sport très vite !
MALF : Je l'ai verbalisé dès le lendemain de l'amputation. Lorsque je me suis réveillée de l'accident, on m'a dit : « On va tout faire pour

sauver ta jambe, mais tu ne remarcheras jamais normalement, tu ne referas jamais de sport. » Et pourtant, l'amputation a été une libération. Elle me retirait la douleur, l'incertitude, et me redonnait la possibilité de courir. Dès cet instant, je me suis accrochée à ça. J'ai franchi toutes les étapes : marcher à nouveau, faire du sport. J'ai été très bien accompagnée. Au centre de rééducation, j'ai fait des rencontres extraordinaires. Je me disais : « Estime-toi heureuse de ce que tu as encore et de tout ce que tu pourras faire. Ne gâche pas ta chance. » J'ai découvert l'équithérapie. J'avais plutôt peur de cet animal majestueux et imprévisible, mais j'arrivais à faire corps avec lui, retrouver mon équilibre. Nous ne faisions plus qu'un. Tout ce processus m'a permis de mieux comprendre mon corps, ses nouvelles limites, d'être bien dans ma prothèse, et donc avec mon handicap.

SC : Vous avez un jour fait le choix de ne plus cacher cette prothèse. Pourquoi ?
MALF : J'ai porté des jupes et des shorts tout de suite après l'amputation. Il était inconcevable pour moi de renoncer à l'esthétique, à ma féminité sous prétexte que j'étais en situation de

handicap. Je mettais simplement une gaine au genou pour que ce soit plus homogène. Je ne souhaitais pas véritablement cacher mon handicap mais le rendre plus « joli ». Après quatre ou cinq ans, j'en ai eu marre. La gaine me gênait, me brûlait parfois. Alors j'ai décidé de montrer ma prothèse sans aucun artifice. Dès cet instant, les regards interrogateurs ont duré moins longtemps. Les gens avaient directement l'information : Elle est amputée.

Je me souviens avoir pris le métro alors que j'étais enceinte de ma fille. Une dame se lève pour me laisser sa place. Je la remercie, elle m'observe et lâche : « Ah oui, en plus… » Ce « en plus ! ». J'étais enceinte et « en plus », en situation de handicap ! J'ai trouvé ça tellement drôle… Cette anecdote montre que si on a accepté sa propre silhouette, sa prothèse, ce nouveau corps, on ne renvoie pas à l'autre une image de handicapé. Je sais bien qu'avec un fauteuil, c'est beaucoup plus difficile. Mais je suis convaincue qu'une personne peut faire oublier son handicap. Qu'à l'instant où cette personne est bien, qu'elle dégage quelque chose, cela détourne l'attention du handicap vers la personne, et permet le dialogue avant le jugement.

SC : Vous dites que vous vous êtes sentie questionnée dans votre féminité. Qu'en a-t-il été pour votre vie intime, affective ?
MALF : Je suis tellement complexée par ailleurs que le handicap n'est pas un sujet ! Avec mes proches, je n'ai jamais eu honte. Si on démêle la pelote, je me dis qu'une personne pour qui ça poserait problème ne peut pas entrer dans ma vie. Quand mon mari m'a connue, j'étais valide. Nous étions tous les deux aux sapeurs-pompiers. On ne sortait pas ensemble à l'époque, c'est finalement l'accident qui nous a rapprochés. Et il oublie que je suis en situation de handicap ! Pour lui, ce n'est qu'une chose parmi tant d'autres qui me définit.

SC : Vous êtes une très belle sportive, charismatique. Vous entraînez les foules derrière vous. Malgré cela, vous dites que vous êtes complexée ?…
MALF : J'ai beaucoup de faiblesses. Je souffre d'un grand manque de confiance en moi. Pour autant, je sais comment faire pour que ce manque de confiance ne vienne pas me jouer des tours dans ma carrière sportive. Au contraire, j'en prends le contre-pied, pour que ce soit un

mécanisme de ré-interrogation permettant de ne jamais tomber dans une certitude néfaste à l'évolution personnelle. On tire les forces de ses propres faiblesses, il faut accepter qu'on ne puisse pas toutes les effacer.

SC : Comment gérer son propre corps, avec l'image omniprésente des diktats de la mode, des normes corporelles ?
MALF : Peut-être est-ce une question d'éducation. À l'adolescence, je n'avais pas de préjugé, je ne pensais pas qu'un corps en situation de handicap était moche. Il est essentiel d'ouvrir les consciences sur l'importance de la richesse intérieure ; des valeurs de l'individu. Sur le fait que nous sommes bien plus définis par notre façon de penser et d'agir que par l'image corporelle que nous renvoyons aux autres.

SC : Votre coquetterie n'a pas été entamée ?
MALF : Aucunement. C'est un enseignement du centre de rééducation. Il est important, quand on est en situation de handicap, de continuer avec ce corps-là à se faire plaisir, à prendre soin de soi ; non pas pour les autres, mais simplement pour soi.

SC : Est-ce que vous auriez pu faire cela si vous n'étiez pas avec un homme amoureux ?
MALF : Je l'aurais peut-être fait pour qu'un homme tombe amoureux.

SC : Mais ça vous aide quand même. Il y a le regard enveloppant du mari.
MALF : Dans les yeux de mon mari, je ne vois pas de pathos. Il a le comportement que j'attends de lui face à sa femme, et non pas face à sa femme en situation de handicap.

SC : Bien souvent, la grande question relève de la vie affective, intime : « En situation de handicap, est-ce qu'on voudra encore de moi, est-ce que je vais trouver quelqu'un qui m'aime ? »…
MALF : Ça, c'est une question qui inquiétait beaucoup ma maman ! Elle me l'a avoué lorsque je me suis mariée. Moi, j'avais plus peur à cause de mon sale caractère qu'à cause de ma prothèse !

SC : Cette réaction donnera beaucoup d'espoir. Il est tellement important de pouvoir dessiner un « après », quand survient un handicap.
MALF : Je me souviens d'avoir rendu visite à une jeune fille en centre de rééducation. J'arrive, je

m'assois à côté d'elle, elle me dit : « Rien qu'en te voyant arriver, j'ai déjà la réponse à la plupart de mes questions. Je voulais savoir si un jour je pourrais être à nouveau féminine, porter une jupe et des chaussures à talon. » Ou encore, cette dame qui m'aborde et me dit : « Je suis dans la même situation que vous et je n'ai jamais osé mettre une jupe. » J'ai compris qu'elle était amputée mais qu'elle avait honte de montrer sa prothèse. Sur ce sujet, les jeunes que je côtoie m'ont aidée à franchir le cap. Ils sont dans une dynamique de création inouïe autour de leur prothèse. Ils en font un effet de mode, l'utilisent comme un bijou. Quelle image dynamique ils envoient à leur génération !

SC : La danseuse et gymnaste Viktoria Modesta, amputée d'une jambe, a une prothèse en forme de pic à glace ! Elle joue avec, la transforme en atout. Sa prothèse fait partie du show.
MALF : Grâce à ces approches, l'acceptation du handicap commence à rentrer dans l'inconscient collectif.

SC : La société devient-elle plus inclusive ?
MALF : L'inclusion, on n'y est pas encore, mais pour autant, de plus en plus de personnes ont

compris que ça ne servait à rien de cacher leur handicap. Cette affirmation permet de franchir un palier dans l'inclusion. Lorsque j'interviens dans une classe, je suis capable de savoir quels élèves ont déjà été en contact avec des jeunes en situation de handicap et les autres. Les questions ne sont pas les mêmes, il y a une maturité vis-à-vis de la différence. Mes plus beaux souvenirs d'intervention ont eu lieu dans les cités. Mon discours sur l'émancipation, l'affirmation de soi, le poids des préjugés, sort du champ du handicap. Il prend un autre sens.

SC : Mais comment font les jeunes filles qui n'ont pas ce socle familial, affectif, que vous avez eu ? Ou bien qui ne sont pas intéressées par le sport ?
MALF : Dans cette situation, l'enjeu est de trouver une figure inspirante positive dans un domaine qui fait résonance pour soi. Même si je ne suis pas fan des réseaux sociaux, on peut imaginer se raccrocher à cette communauté des influenceurs en situation de handicap, qui est un véritable outil. Ils parlent à la génération actuelle. Mais bien d'autres illustrations de réussites de personnes en situation de handicap ou non peuvent se révéler inspirantes.

SC : Vous avez accepté d'être présidente du comité paralympique. Et pour la première fois, il faut le dire haut et fort, les prochains Jeux olympiques et paralympiques à Tokyo ont avancé ensemble !
MALF : C'est vrai. Nous pourrons communiquer sur un seul logo, une seule équipe de France. Au-delà des spécificités du handicap, c'est le sport, ses valeurs et la performance avant tout.

SC : Le grand public a un fort engouement pour le parasport. Le sport fait ce que la société devrait faire : il valorise, pousse à se dépasser, démocratise. En fait le sport va plus vite que la société !
MALF : Bien évidemment le sport est un levier important d'émancipation de notre société, notamment pour les personnes en situation de handicap. Mais, il en existe d'autres, comme la culture par exemple. J'ai le souvenir d'une comédie musicale avec un danseur en situation de handicap. Sa performance artistique était extraordinaire. Il dansait sur des béquilles, qui prenaient une dimension d'accessoires. La culture aussi change le regard sur le handicap.

SC : Et dessine le droit à l'indifférence. Viktoria Modesta m'avait fait la remarque : « En Angleterre, tout le monde me félicite pour ma performance de danse. En France, tout le monde me parle de ma prothèse. »
MALF : Pourtant ce n'est pas une handicapée qui fait de la danse, mais une danseuse qui réalise une performance artistique en s'adaptant à son handicap.

SC : Enceinte de sept mois, vous avez continué les entraînements. Dans un reportage, vous dites : « Ce corps me surprend dans sa façon de s'adapter à ma grossesse. » Je l'ai entendu comme une sorte de gratitude envers lui.
MALF : Même si le sport de haut niveau oblige à maltraiter un peu son corps, je le respecte énormément. Il affronte les pires adversités. Je sais bien que la situation de handicap complique les choses, mais je pense sincèrement qu'il ne faut pas entrer en opposition avec le corps. Il faut lui faire confiance. Et parfois en le contraignant, nous repoussons nos limites de confort pour explorer l'ensemble de son potentiel. Par exemple, certaines personnes beaucoup plus lourdement entravées que moi parviennent à refaire

des gestes du quotidien perçus comme impossible. Ils les réalisent simplement différemment. Ils respectent le corps, l'acceptent comme il est, pour progresser.

SC : Mais quand on a l'impression que le corps vous a « trahi », c'est un exploit mental d'en faire un allié et pas un adversaire !
MALF : L'adversité au quotidien, c'est épuisant. Cette rivalité vous laissera perdant. Le corps finira toujours par gagner. Cela ne signifie pas qu'on ne peut pas le contraindre. Dans ce cas, si on le contraint, c'est dans son adaptation au handicap.

SC : C'est toute la différence entre inclusion et intégration. L'inclusion optimise toutes les ressources qu'une personne a su développer pour s'adapter à l'environnement ; l'intégration, c'est demander à la personne de s'adapter à l'environnement. Deux démarches inverses. Pour moi, la société inclusive permet aux différences de s'exprimer. Alors le vivre ensemble est beaucoup plus facile. À ce propos : j'ai remarqué que des personnes en situation de handicap deviennent des égéries de marque. Si une marque vous le proposait, accepteriez-vous ?

MALF : Oui, avec plaisir. Au travers du sport, j'ai eu l'occasion de nouer de nombreux partenariats, de travailler avec des entreprises de secteurs très variés. Cela a été très riche. Je me souviens d'une campagne de communication sur laquelle nous avions travaillé avec un partenaire, le slogan était : « Sur le handicap, cultivons notre regard d'enfant. » Ce partenaire avait montré à des jeunes enfants une photo de classe. Au premier plan, il y avait une jeune fille en fauteuil. Les enfants devaient commenter la photo. Eh bien, la jeune fille en fauteuil est arrivée en 20e place. Avant, les enfants avaient cité les cahiers, les stylos, etc. J'adorerais que l'on maintienne cette réaction chez les adultes : la situation de handicap glisse sur nous, elle n'est pas un sujet de discussion.

SC : Si vous pouviez refaire l'histoire, revenir à vos quinze ans… Si on laissait le choix de…
MALF : C'est la question que me posent les enfants… Si j'avais une partie de ma vie à changer, ce ne serait pas le handicap. Je ne suis pas sûre que, sans cet accident, j'aurais eu ce destin avec mon mari, rencontré ces personnes qui ont marqué ma vie, elles-mêmes en situation

de handicap. Non, je ne changerais pas ma vie, parce que ça voudrait dire rayer du quotidien des personnes qui comptent énormément pour moi. J'ai des visages qui me viennent en tête, par exemple Nantenin Keïta qui est une sportive rencontrée dans le cadre des Jeux paralympiques... L'effacer de ma vie ? Jamais.

SC : En revanche, on peut effacer les adversaires qui vous talonnent...
MALF : Mes pires adversaires sont aussi les meilleurs amis de la performance !

Alexandre Jollien

Le handicap, porte ouverte sur l'universel

Un corps différent n'a jamais empêché la pensée. Né infirme moteur cérébral, Alexandre Jollien est un philosophe lu et respecté. Avec lui, nous parlons de la peur générée par le handicap, des réactions que lui-même a essuyées de nombreuses fois. Il ne condamne ni ne justifie ; il les décortique, les analyse, conscient que réfléchir la brutalité, c'est déjà la vaincre.

Sophie Cluzel : Le handicap génère souvent un désagréable recul. Comment l'expliquez-vous ?
Alexandre Jollien : Hier, je me trouvais dans la cour d'école de ma fille de dix ans. Une de ses camarades m'a interpellé : « Tu es bizarre, toi ! » Cet édifiant échantillon nous montre que pour beaucoup, la personne handicapée ne fait

tout simplement pas partie de leur champ de conscience. Cette figure provoque mille interrogations, un effet de surprise, voire carrément d'effroi. La personne handicapée peut être perçue comme l'intrusion du tragique, un rappel de la fragilité humaine qui peut frapper chacun de plein fouet. Elle réveille des craintes, un mystère qui dépasse, à mon avis, les cultures. Depuis la pandémie du Covid, notre société dit avoir besoin de légèreté. Il y a toujours le risque de cacher la faiblesse en survalorisant l'exploit. Je me méfie énormément de cette injonction à être un *handicapé hors norme*, fantastique, héroïque... Pour résumer, je dirais que le regard qui est posé sur la personne différente peut osciller de la pitié à la peur, du paternalisme à l'indifférence.

SC : Ma fille Julia est souvent rentrée de l'école en disant : « J'en ai marre, il y a encore un élève qui m'a regardée bizarre. » Pour lui remonter le moral, je lui répondais : « Je vais te dire pourquoi : on voit très peu de jeunes trisomiques autonomes. Ce regard était rempli d'admiration. Cet élève n'en croyait pas ses yeux. »
AJ : La personne handicapée peut finir par intérioriser le regard de l'autre. Le danger c'est de

bousiller une confiance en soi. Pour ma part, à force de véhiculer une image de faiblesse, je me sens profondément fragile. Je rêverais de pouvoir sortir dans la rue et me fondre dans la masse, ce serait tellement reposant ! Il faut se garder de toute hiérarchisation au sein des personnes handicapées. Un jour, une mère de famille m'a dit : « J'ai un handicapé bas de gamme, ma fille a un retard mental. » Ses mots m'ont bouleversé.

SC : De la même façon, il existe l'appellation « autistes de haut niveau ». Cela signifierait donc qu'il y a des « autistes de bas niveau » ? Je pense aussi à ce « i » privatif de « inadapté », ou à certains établissements qui ont l'agrément pour « débiles profonds »... Vous imaginez la sémantique qu'on porte ?
AJ : Cette phraséologie renvoie à l'idée que le handicap génère la peur, des jugements à l'emporte-pièce d'où le réflexe de les classer pour, soi-disant, maîtriser, ramener à du connu...

SC : Pensez-vous que, d'une certaine façon, la personne handicapée cristallise les peurs d'une société, et sert, en quelque sorte, de paratonnerre ?

AJ : Pendant le confinement, j'ai lu un livre bouleversant, *Stigmate*, d'Erving Goffman. J'ai pris conscience que notre expérience était partagée par beaucoup de minorités. Une personne avec une orientation sexuelle différente, un étranger, une prisonnière, toutes et tous, nous nous ramassons à la figure l'exclusion... Goffman, cet immense professeur de sociologie à l'université de Berkeley, décrit ces réactions communes, cette obligation à s'excuser tout le temps, à devoir rendre des comptes, à se sentir contraint de rentrer dans un moule... Je pense aussi au philosophe Gilles Deleuze, qui, dans son *Abécédaire*, affirmait que si toutes les minorités se regroupaient, elles deviendraient majoritaires... Oui, nous engager pour la cause des personnes handicapées, c'est nous mobiliser pour l'humanité tout entière.

SC : D'où l'importance d'une circulation réelle des personnes handicapées. Ouvrir une classe d'enfants polyhandicapés dans les écoles, c'est accoutumer l'œil des futurs adultes à la différence. Devenus grands, les élèves qui ont côtoyé le handicap y seront habitués.

AJ : Cette mixité est éminemment souhaitable. Cependant, prenons garde ! Souvent, l'intégration d'une personne handicapée est réduite à sa dimension morale. On lui prête des vertus hautement nobles, arguant qu'elle améliorera les autres… Je me méfie de cette instrumentalisation. On n'intègre pas les personnes handicapées pour en faire des singes savants ou des édificateurs moraux, mais parce qu'ils font partie d'une société plurielle et qu'il s'agit d'un droit humain. Je me méfie également du concept de « différence », car il se rapporte toujours à la norme, à une comparaison. Je préfère le terme de « singularité », qui souligne la particularité, l'unicité de chaque être humain.

SC : Vous qui avez beaucoup voyagé, estimez-vous que ce recul est spécifiquement français ?
AJ : Lorsque je vivais en Corée du Sud ou en Irlande, je n'ai jamais essuyé une seule moquerie, j'étais stupéfait ! Est-ce parce que l'Irlande est très catholique et la Corée très policée, peut-être ? Je crois aussi que la vocation de « nuire à la bêtise », comme disait Nietzsche, ne connaît aucune frontière. Un exemple tout bête que j'expérimente chaque jour : de moins en moins de gens cèdent leur place dans le métro aux personnes handicapées

ou aux femmes enceintes. L'indifférence n'est pas mieux que la peur !

SC : Mais vous avez dit tout à l'heure que vous aimeriez être fondu dans la masse, qu'on ne vous remarque plus…

AJ : L'anonymat et l'indifférence, ce n'est pas tout à fait la même chose. Ces deux notions pourraient même être contradictoires sous certains aspects. L'indifférence nie en quelque sorte l'existence de l'autre. Autrui est exclu de ma bulle intérieure, il n'entre même pas dans les écrans radars. On pourrait dire que l'anonymat intègre, laisse le droit à l'autre d'être qui il est au-delà des étiquettes, chacun faisant en quelque sorte partie du paysage.

SC : Pensez-vous que l'indifférence accélère l'individualisme ?

AJ : Le chacun pour soi, la logique du donnant-donnant exclut ! Si tu es performant, tu peux m'apporter un bonus, donc tu m'intéresses. Sinon, circule, tu peux dégager. Toute rencontre devient marchande. Ce rapport au monde valorise le gain, l'intérêt immédiat passant à côté de l'essentiel. Dans cette optique, la personne handicapée est hors-champ. Elle est néantisée par ce principe de rentabilité à tout prix.

SC : Historiquement, les personnes handicapées ont-elles toujours dû subir un regard désapprobateur ?
AJ : L'effondrement des grandes religions a peut-être contribué à la disparition de certaines valeurs éthiques. Sans forcément prôner un retour à la tradition, regardons ces grandes valeurs universelles qui favorisent le vivre ensemble. L'individualisme bousille les solidarités. La stigmatisation dézingue l'accueil. Cette brutalité ne frappe pas seulement les personnes handicapées mais tout être humain au final. Il est vrai que les minorités en prennent pour leur grade…

SC : Pourtant il y a de plus en plus d'expressions et de revendications des minorités…
AJ : Avec le risque des communautarismes. La solution, le défi, c'est de réhabiliter le collectif, le « nous ».

SC : Êtes-vous armé contre les railleries ?
AJ : Avec mon ami, Jean-Pierre Brouillaud, globe-trotter spirituel et non-voyant, nous

faisons le même constat : se blinder contre le regard de l'autre est une impasse. Il s'agit d'un travail quotidien pour se libérer, et déjà voir la souffrance que nous nous ramassons à longueur de journée. Une vision par trop rapide de la résilience qui, ceci dit, devient un concept qui peut être récupéré par le néolibéralisme, laisse accroire que l'on peut se guérir une fois pour toutes. C'est le reproche que je ferais à une lecture un peu rapide de cette notion. À mes yeux, il n'y a pas de posture figée face aux moqueries ni d'équilibre acquis définitivement. Qui peut se targuer d'être immunisé contre les regards ? Tout dépend des forces, des ressources du jour, des liens qui nous aident à traverser l'épreuve. D'après Albert Camus, un badaud qui a mal regardé celui qui s'apprête à se suicider a une responsabilité… Tous, nous sommes responsables de la manière dont nous considérons l'autre. N'oublions jamais que ce qui nous rend sensibles à la moquerie, nous rend aussi ouverts à un sourire, à un visage… L'exercice, c'est de laisser passer… La moquerie me touche, me traverse et le défi, c'est de ne pas s'y accrocher.

SC : Les émotions vous parcourent mais ne vous habitent pas… Vous les ressentez sans en être esclave.
AJ : C'est une ascèse quotidienne, la pratique ! Au début de notre vie commune, mon épouse pensait que j'exagérais. Mais quand nous allions au restaurant, souvent, le serveur lui demandait, en me désignant du menton : « Et lui, qu'est-ce qu'il prendra ? » Dernièrement, on a même eu droit à : « Qu'est-ce qu'il prendra le petit ? » Pire : l'autre jour, dans une supérette avec mon fils de quinze ans, le vendeur m'a tendu un bonbon, en disant : « Tiens, prends le bonbon. » Question humiliation, c'est du costaud !

SC : Mais comment faites-vous pour empêcher la colère ?
AJ : Précisément, Goffman écrit que tentation est grande de se la coincer, de faire le gentil handicapé. À la longue, c'est une bombe à retardement. L'injonction à être le handicapé sage, modèle, peut nous aliéner et interdire une vraie liberté. Qui a dit que nous n'avions pas le droit de baisser les bras, d'être touchés, attristés ? Le droit d'être normal, finalement ! Bref, d'un côté, on ne sera jamais considéré

comme normal, de l'autre, il nous faut être des surhumains.

SC : C'est vrai. À l'école maternelle, lorsqu'éclatent des disputes et qu'un petit mord l'autre, eh bien si l'enfant qui mord est handicapé, cela devient un drame. On ne pensera pas, comme pour les autres : « Il est en colère ou révolté », on pensera : « Son handicap ne le rend pas sociable. »
AJ : Cette tendance à pathologiser toute réaction qui pourrait être banale chez un autre… Toujours, il y a ce risque d'exclure et d'en faire des tonnes.

SC : Les personnes handicapées doivent-elles se priver d'amitié ? Et plus généralement, de lien affectif, amoureux ?
AJ : La question de la vie affective et sexuelle des personnes handicapées demeure un énorme tabou. Il est urgent de le briser. L'affectivité humaine n'est pas accessoire, pas plus que le rapport au corps, à l'autre. Prendre quelqu'un dans ses bras, c'est l'accueillir avec ses blessures, panser ses plaies, cheminer ensemble. Je me souviens d'un soignant qui nous lavait avec des gants de

caoutchouc. Pareil traitement m'avait profondément choqué. Il ne m'est jamais venu à l'esprit de laver mes enfants avec des gants même quand ils s'étaient chopé une bonne gastro. La manière d'accueillir l'autre induit un rapport au corps qui peut générer du mal-être, de la honte voire la haine de soi. Doit-on enfiler des gants pour s'approcher de moi ? Suis-je à ce point impur, hideux ?

SC : Vous parlez d'affection, je voudrais aller plus loin. J'ai missionné le président du Comité consultatif national d'éthique pour qu'il me fasse des propositions sur l'assistant de vie affective et sexuelle. En 2012, Roselyne Bachelot l'avait tenté, ça n'avait rien donné. Aujourd'hui, dix ans plus tard, je voudrais poser une feuille de route plus grande : le droit à la santé sexuelle, à la vie intime. Quelle est votre position ?

AJ : Le sujet est hyperdélicat et complexe ! Il ne faut instrumentaliser personne et veiller à un respect total de chacun. Il est vital de sortir des tabous sans opposer des clans et chercher toutes et tous ensemble des solutions, des voies. Il s'agit d'un enjeu de société. D'abord, dire la nécessité pour chaque femme, chaque homme d'avoir accès à la tendresse et bien distinguer la prostitution et l'assistance sexuelle. Un(e) assistant(e) sexuel(le) exerce ce métier par choix, non sous la contrainte. À mes yeux, cette profession pourrait s'inscrire d'une certaine manière dans la sphère du soin, d'une « thérapie » : l'acceptation du corps, la détente physique, le rapport à l'autre font partie intégrale de notre santé fondamentale. La racine grecque du mot *thérapie* signifie précisément « soigner », « prendre soin ». La sexualité peut ouvrir un chemin vers la paix, le don, la détente, vers un certain « oubli de soi », du handicap. Elle permet d'échanger, de partager des gestes de tendresse, de déposer aussi l'inquiétude, de briser l'isolement, d'ôter les hontes.

SC : D'après vous, si l'on crée des postes rémunérés d'assistants de vie, comment contrecarrer la notion de prostitution ?

AJ : Dans le bouddhisme, on trouve l'idéal des *bodhisattvas*, des êtres parfaitement éveillés qui se consacrent à la libération de tous. Dans des moments de grande solitude, j'ai souvent rêvé d'un guichet où l'on pourrait débarquer sans être jugé. J'ai espéré qu'il y ait quelque part des « bodhisattvas de l'affection ». De plus en plus, des femmes, des hommes handicapés comme moi m'encouragent à m'engager pour le droit à la vie sexuelle.

Très concrètement, il faut affirmer haut et clair la liberté de chacun et dénoncer avec force la sexualité non souhaitée, imposée, l'exploitation. Il y a aujourd'hui une traite d'êtres humains, des esclavages. Il y a des vies brisées, des destins bousillés.

Il est important de rappeler une différence essentielle : un(e) assistant(e) de vie sexuelle choisit ce métier pour prendre soin de l'autre et il, elle n'est pas pris(e) dans un système qui exploite, vend, instrumentalise des êtres humains. Sa pratique s'inscrit dans un cadre, une structure, dans une formation qui promeut des valeurs très claires.

SC : Certains détracteurs opposent que la solution serait de développer la vie sociale des personnes handicapées pour leur permettre des rencontres.

AJ : Dans un monde idéal, le problème ne se poserait pas. Je ne demanderais pas mieux que les personnes en situation de handicap aient la possibilité objective de rencontrer *naturellement* des amis et des partenaires sexuels. Pour ma part, je serais preneur !

Un changement de société prend du temps. Et je ne suis pas sûr qu'à l'heure de l'individualisme galopant, des nouvelles solidarités – car il s'agit bien de lien, de solidarité – puissent voir le jour. Les défis ne manquent pas : écouter les besoins, les détresses nées de discriminations, aider à l'accès à une vie affective, empêcher un mal-être, des dégâts psychologiques…

Ces missions ne tolèrent aucun amateurisme d'où la nécessité d'une structure. La réalité fait peur. Il y a les besoins, les manques et aussi des dangers. L'OMS estime que les personnes en situation de handicap sont 3 à 5 fois plus exposées aux violences sexuelles que le reste de la population. La question de l'affectivité et de la sexualité appelle d'innombrables mobilisations. Il faut par exemple que des mouvements libérateurs comme celui de #MeToo ne laissent personne sur la touche. Il y a des êtres qui ne peuvent pas parler. Tout doit être fait pour rompre ce silence qui tue. Pas à pas, tous ensemble, il faut ouvrir ces grands chantiers avec une infinie bienveillance !

Yannick Alléno

Embaucher sans préjugé

Je rencontre Yannick Alléno au Pavillon Ledoyen. Nous déjeunons dans ce magnifique restaurant, face à face. Il n'esquive aucune de mes questions. Ce chef triplement étoilé, connu dans le monde entier, a le regard franc, le verbe direct. Avec lui, j'ai pu aborder l'épineuse question des réticences des patrons à intégrer des personnes handicapées. Il fallait quelqu'un comme lui, qui a ce double savoir du managérial et du créatif, et surtout, qui ne recule pas devant les choses à dire.

Sophie Cluzel : Vous avez accepté d'être le parrain du dispositif Passerelle Handicap en 2020. Pourquoi ?

Yannick Alléno : Je ne vais pas vous mentir. Le principal déclencheur a été une phrase maladroite lors d'une rencontre internationale en 2019. Une phrase sexiste, « l'ADN des femmes, c'est d'enfanter », que je regrette, mais qui tentait d'expliquer pourquoi il y avait peu de femmes dans la restauration. Je me suis fait laminer, avec raison. Cela m'a beaucoup perturbé. Juste après, j'ai contacté une amie directrice de la communication d'un grand groupe, elle m'a dit : « Le problème va bien au-delà de cette phrase. Il concerne l'inclusion. Vos entreprises ne sont pas du tout dans cet esprit. Il va falloir changer rapidement. » Dans son fonctionnement, en effet, la restauration est tout de même assez accrochée au XIXᵉ siècle. J'ai réuni mes équipes, contacté des grands groupes, pour parler de l'inclusion. Et j'ai découvert ce chiffre, 12 millions de personnes handicapées en France, la moitié qui le deviennent au cours de la vie. J'étais abasourdi. Je roulais à 200 à l'heure sur l'autoroute de l'entreprise sans regarder autour de moi, sans prendre le temps de voir ce qui pourrait embellir mon chemin. Donc je me suis arrêté et j'ai vu sur le bas-côté des jeunes, hommes et femmes, qui ont besoin de nous pour s'intégrer dans la société, et dont nous avons besoin pour faire évoluer notre métier.

SC : Avez-vous rencontré des réticences ?
YA : Oui, la mienne : la peur de mal faire. « Suis-je compétent pour les intégrer ? », « Et si ça ne marchait pas ? ». Puis je me suis souvenu d'une de nos conversations, Sophie. Vous m'aviez dit : « Vous ferez des faux pas, des erreurs. Assumez-les. C'est comme cela que vous affinerez votre accueil. »

Mon équipe compte 29 nationalités différentes. 29 !... Je savais qu'il y aurait des incompréhensions culturelles. J'ai entendu : « Chef, vous n'avez pas assez d'emmerdes ? » J'ai trouvé sain que ces doutes s'expriment, on a tous peur de la différence, verbaliser cette crainte permet de la contrer. Nous avons travaillé à expliquer, former, rassurer, s'ouvrir. Et cela a fonctionné.

SC : Que l'inclusion soit un vrai projet d'entreprise, c'est capital. Si un patron impose verticalement ce changement, cela ne marchera pas. Cette perspective doit être partagée, expliquée,

afin de devenir un projet d'équipe. De la même façon, je suis d'accord avec vous, les peurs sont audibles. Il n'y a rien de pire que les non-dits.
YA : Mais cela va bien au-delà de l'entreprise ! Le sujet concerne la bannière de la restauration française. Gwendal Poullennec, directeur international des *Guides Michelin,* a prononcé une phrase décisive le jour de la remise des étoiles Michelin, face à l'ensemble de la communauté gastronomique : « Vous êtes obligés. » C'est vrai. Nous avons un devoir. Nous sommes *obligés* de montrer l'exemple, de se tenir, de mesurer notre parole… La restauration se doit d'être aidante, pour tout le handicap.

SC : Pour beaucoup de patrons, c'est une aventure incertaine. Ceux qui se disent « Je n'y connais rien », et qui se sentent dépassés par le recrutement, l'apprentissage des personnes handicapées… Si vous, vous relevez le défi, vous envoyez un signal fort grâce à votre positionnement d'excellence. Qui peut être en même temps une locomotive…
YA : Si nous ne le faisions pas, nous serions des cons. Pardonnez-moi l'expression. Négliger cet aspect, c'est négliger la société tout entière, ne

pas la regarder dans son ensemble. Et cela ne concerne pas seulement le handicap : la même exigence doit prévaloir dans le choix des fournisseurs, la dénonciation des pesticides, le combat contre le plastique. Déjà, en tant que restaurateurs, nous faisons attention à la qualité de l'eau, la consommation d'électricité, au bien-être du personnel. Il s'agirait d'étendre ce soin à d'autres sujets, dont celui du handicap.

SC : Facile, alors ?
YA : Non, ce n'est pas facile. Mikaël, qui est trisomique, fait partie de notre équipe. Il est formidable, et très sensible. L'autre jour, je le vois dans le salon du fond, tout triste. Nous avions un gros service, j'ai deviné que son maître d'hôtel lui avait demandé de nettoyer les assiettes et qu'il était déçu, il aurait voulu participer au service. Il me dit : « Ce n'est pas gentil. » Je lui réponds : « Mais la mission que le maître d'hôtel t'a donnée est très importante. Poser une assiette nickel sous les yeux des gens, c'est aussi important que de l'amener. Je vais te donner un conseil : nettoie les assiettes, ensuite tu pourras dire au maître d'hôtel que tu es prêt à reprendre le service. » Puis je suis allé voir le directeur de salle pour le

prévenir de la sensibilité de Mikaël, et je lui ai demandé de faire attention.

SC : Cela, il nous faut l'entendre, si l'on veut accompagner les patrons : l'inclusion, en tout cas au départ, peut perturber une chaîne de réactivité, surtout quand la mécanique est très rigoureuse.
YA : En même temps, cet effort est salutaire. On se met au diapason d'une personne qui n'a pas le même rythme, cela nous oblige à ralentir, choisir nos mots, trouver des arrangements. Cela nous bouscule. C'est bien.

SC : Quand on s'occupe du handicap, c'est la collectivité qui progresse.
YA : Gwendal Poullennec a créé l'étoile verte, pour les chefs qui s'occupent de locavorisme ; pourquoi ne pas créer une étoile d'une couleur sociale, à imposer sur les établissements ?

SC : Votre corps professionnel, celui de la haute restauration, est prêt à entendre ça ?
YA : Oui, cette profession est très réactive. Regardez comme elle a réussi à s'adapter rapidement aux nouvelles exigences de consommation, que

ce soit le végétarien ou la traçabilité des produits. Je suis convaincu que dès l'école, il faut préparer les futurs restaurateurs. Quand j'étais à l'école hôtelière à Saint-Cloud, mes camarades étaient amblyopes, c'est un gros problème de vue. Eh bien nous vivions ensemble. Dans la cour, ils étaient des potes comme les autres. Mais il y avait aussi des médiateurs, qui faisaient en sorte que la mousse prenne. Sinon ça n'aurait jamais pris. Du coup, je voudrais vous poser une question : comment se fait-il que, scolairement, ces personnes en situation de handicap soient si peu mélangées aux autres ? Parfois il me semble même qu'elles sont parquées dans des structures parallèles. Arrêtez-moi si je me trompe, mais c'est quand même plus facile d'intégrer six personnes au sein d'une classe que d'encadrer vingt élèves handicapés, non ?

SC : Je bois du petit-lait. Je suis convaincue qu'ils doivent apprendre au milieu des autres. Cela créerait une génération décomplexée avec le handicap. Car le camarade de l'enfant handicapé, qui a grandi avec lui, sera peut-être un jour employeur. Et s'il doit recruter une personne handicapée, cela lui paraîtra normal. Nous

sommes en train de bâtir cette école inclusive avec l'appui des experts, entre les murs de l'école ordinaire. La France a beaucoup de retard.
YA : Tant qu'on continuera à laisser les gens dans leur boîte, ça n'avancera pas.

SC : C'est pour cette raison, en effet, que les chefs d'entreprise doivent se retrousser les manches. Sur la politique du handicap, la France a un quota depuis 1987 : un employeur doit respecter un taux d'emploi de 6 % de personnes en situation de handicap. Trente-trois ans après, on en compte 3,8 % dans les entreprises privées et près de 6 % dans les entreprises publiques, dans la fonction publique. Donc cette obligation d'emploi n'est pas du tout respectée.
YA : Parce que vous avez ouvert la porte du « tu peux payer aussi si tu veux ».

SC : Ça commence à devenir cher pourtant… Je répète aux chefs d'entreprise que c'est la seule charge sociale qu'ils pourraient éviter de payer !
YA : C'est d'abord un état d'esprit à changer. Trop de patrons voient l'entreprise comme un organisme replié sur lui-même, coupé de l'extérieur. Or, l'entreprise doit traiter l'intérieur *et*

l'extérieur. Il faut savoir ce que les gens vivent au-dehors, tant les répercussions au travail sont fortes. Apprendre que cette jeune femme vient d'être agressée, que ce garçon s'est fait expulser, permet de comprendre les comportements et de s'ajuster. Parmi mes cuisiniers, j'ai appris au hasard d'une conversation que l'un d'entre eux dormait dans sa voiture depuis trois mois…

Alors évidemment, un changement de mentalité prend du temps. J'ai initié la réversion agricole en Île-de-France[1]. Or, la mécanique d'État ne s'est pas mise en route immédiatement, il est très difficile de faire bouger les choses tout seul. La preuve, à partir du moment où ce projet a reçu un soutien politique, tout est allé très vite. Aujourd'hui, le pari du locavorisme est gagné. Alors, l'accessibilité à l'emploi pour les personnes handicapées devrait être aussi évidente que de faire travailler les producteurs locaux. Nous sommes à un carrefour. C'est le moment de mettre les moyens pour que la société s'ouvre. Le changement sera forcément collectif.

1. *Terroir parisien*, Glénat, 2010.

Éléonore Laloux

24 heures de la vie d'une élue trisomique

Je connais Éléonore depuis longtemps. Nous nous tutoyons. Elle arrive escortée de son père, soutien et présence cadrante. Éléonore Laloux, trente-cinq ans, petite et déterminée, réfléchit à ses réponses. Elle est la première et seule personne trisomique élue à un Conseil municipal, celui d'Arras.

Sophie Cluzel : Éléonore, pour changer le regard sur le handicap, tu aurais pu choisir l'associatif ou le cinéma, mais tu as choisi la politique. Pourquoi ?
Éléonore Laloux : C'est une rencontre avec le maire d'Arras, Frédéric Leturque. Notre premier entretien était une simple conversation. Au deuxième, il m'a demandé de revenir avec dix propositions. Je partais justement à Londres, une ville très accessible aux personnes handicapées.

J'y ai puisé beaucoup d'idées. Quand je suis rentrée avec mes dix propositions, le maire m'a proposé d'être sur sa liste.

SC : Quelles étaient ces propositions ?
ÉL : Par exemple, les feux sonores, qui annoncent un décompte. Ou des pictogrammes qu'on a placés dans Arras, afin que les personnes handicapées puissent s'orienter. Qu'on soit aveugle ou sourd. J'ai lancé un projet participatif pour réaliser des plaques de rue d'abord en audio, ensuite en braille et enfin une vidéo qui explique l'origine du nom de la rue.

Avec un téléphone portable, on scanne la plaque de rue (qui sera abaissée à la hauteur d'un fauteuil roulant), on choisit l'audio descriptif ou l'audio vidéo, et en plus on apprend l'origine de sa rue.

SC : C'est ce qu'on appelle l'accessibilité universelle…
ÉL : C'est ça. Tout ce travail s'effectue avec l'aide des lycéens de la région.

SC : C'est Londres qui t'a inspiré ce projet ?
ÉL : Et aussi le Canada. Je suis allée partout prendre les bonnes idées.

SC : C'est ce genre de propositions que tu as soumises au maire…
ÉL : Il m'a dit que j'avais de bonnes idées en tête. Quand il m'a proposé d'être sur sa liste, j'ai accepté.

SC : Tu n'as pas hésité…
ÉL : Non.

SC : Donc tu as commencé à faire campagne.
ÉL : J'ai rencontré les colistiers, j'ai fait leur connaissance. J'ai distribué des tracts en porte-à-porte, ainsi que des colis de Noël.

SC : Sur les tracts, de quelle proposition es-tu la plus fière ?
ÉL : Un parc pour chiens. Et du respect. Les Anglais sont beaucoup plus respectueux que les Français. Et la propreté. Indispensable.

SC : Donc tu as été élue, sur la liste. Tu es conseillère municipale depuis presque deux ans. Quel est ton titre exact ?
ÉL : J'en ai deux. Je suis déléguée à la transition inclusive et le bonheur.

SC : La transition inclusive et le bonheur. C'est peut-être ça le titre du livre qu'on est en train de faire... Du coup, tu sièges au conseil municipal, ça te prend beaucoup de temps ?
ÉL : La première fois que je suis entrée au conseil municipal, c'était en présentiel, pour que je fasse ma rentrée. J'étais contente parce que Frédéric Leturque m'a présentée à tout le monde, m'a souhaité la bienvenue. Depuis, on a fait beaucoup de visios...

SC : Sais-tu si, dans d'autres mairies de France, il existe des personnes avec trisomie 21 élues au conseil municipal ?
ÉL : Je crois que c'est rare.

SC : Je crois que tu es la seule.
ÉL : Oui, je suis la seule.

SC : Pourquoi crois-tu que Frédéric Leturque a eu cette idée ?
ÉL : Il me connaît depuis vingt ans, donc il n'a pas peur du handicap. Et puis, à un moment, il faut se réveiller. La société doit inclure les personnes handicapées, les accepter et les respecter.

SC : Que conseillerais-tu aux personnes handicapées qui hésitent à s'engager en politique ?
ÉL : Qu'elles foncent.

SC : Tu travailles donc à une meilleure inclusion des personnes en situation de handicap à Arras. Quel a été ton premier chantier ?
ÉL : Celui de la transition inclusive. Avec un comité technique et un comité stratégique, des partenaires et des experts. Ça, c'est ma feuille de route municipale *(Son père sort un dossier. Elle le lit à voix haute).* « Veiller à ce que les projets municipaux soient faciles à comprendre par tous. Faire des propositions pour que la ville soit plus accessible, plus agréable et bien vivante. Inciter les citoyens à s'investir davantage dans les actions de nettoyage. Locale et nationale. Hauts-de-France propres, *World Cleanup Day.* » Ça, je l'ai fait et franchement on a presque tout nettoyé.

SC : Vous étiez nombreux ?
ÉL : On était un groupe de dix. Et le dernier point : « Développer le bien-être à la population, faire que les habitants soient heureux. »

SC : Tu sais que ça, on dirait presque le programme du PIB indien, le produit intérieur du bonheur. Après, c'est difficile à mettre en œuvre…
ÉL : Pas tant que ça. Que les gens se parlent, en famille, entre amis, sur les terrasses… Le vivre ensemble fait partie du bonheur.

SC : As-tu l'impression que ton handicap est un atout, que tu es plus écoutée ?
ÉL : Les gens font très attention. Dès qu'ils me voient, ils me félicitent. Pareil au boulot. Je travaille au service facturation de l'hôpital. Que ce soient les médecins ou les patients, ils m'encouragent.

SC : Et ce n'est pas trop dur de cumuler ton travail à l'hôpital et celui de conseillère municipale ?
ÉL : À l'hôpital, j'ai un contrat de quinze heures. Donc j'y travaille le matin, et l'après-midi, je me consacre à la mairie.

SC : Chapeau.
ÉL : Je crois que les habitants d'Arras sont fiers de moi.

SC : Toi aussi tu peux l'être.
ÉL : Je le suis aussi.

SC : En tant que conseillère, travailles-tu avec les associations ?
ÉL : Je suis secrétaire adjointe de l'association Down Up, fondée par mon père quand je suis née.

SC : Vous êtes combien maintenant ?
Emmanuel Laloux : Ça grossit. On est sorti du champ de la trisomie, on travaille pour le logement des autistes, en créant une maison partagée. Nous employons aussi des personnes en fauteuil roulant. En tout, nous sommes une soixantaine. Quand on a commencé, on était trois familles.

SC : Éléonore, tu travailles, tu es conseillère municipale, tu as ton logement… Quelles sont encore les difficultés contre lesquelles tu te bats ?
ÉL : Encore et encore, pour l'inclusion. À l'école, sur le marché du travail, rien n'est facile. Si les autres vous disent « dégage », il faut foncer.

SC : Tu endures des réflexions désagréables ?
ÉL : Depuis que je suis conseillère municipale, non. Mais par contre, sur Facebook, j'ai eu ma première critique. Sur moi, en tant que conseillère municipale.

SC : Méchante ?
Emmanuel Laloux : On lui a rappelé les chambres à gaz…

SC : Ça te touche ?
ÉL : Non. J'ignore et je fonce.

SC : Peut-être que certains sont jaloux.
ÉL : Oui, à l'association certains de mes amis le sont. C'est universel. Ce n'est pas parce qu'on est trisomique qu'on n'est pas jaloux. Je m'endurcis.

SC : Oui, mais il faut conserver ta mission de conseillère du bonheur…
ÉL : Je garde toujours le sourire.

SC : Bienveillance mais exigence.
ÉL : Et surtout être vigilant. Garder un œil sur les jaloux. Ne rien laisser passer.

SC : Tu as dû affronter du rejet quand tu as fait campagne en porte à porte ?
ÉL : Non, mais j'ai senti de la violence dans l'opposition. C'est la vie du politique. Quelques

opposants réagissent un peu trop vite. J'essaie de garder mon calme.
Emmanuel Laloux : Parfois, ça te perturbe un peu...
ÉL : Je reste concentrée sur mes projets. Le premier s'appelle l'Incluthon. Cet événement rassemblera des personnes en situation de handicap ainsi que des valides autour d'activités sportives et culturelles. Je suis en train de voir si on peut le monter à La Citadelle, une construction de Vauban, grande et superbe. J'aimerais que Grand Corps Malade en soit le parrain.

Le deuxième, c'est le Nudge. C'est une pratique anglo-saxonne qui incite les habitants à améliorer leur comportement sous une forme ludique. *Nudge* ça veut dire « coup de coude » en français. Par exemple, transformer une poubelle en panier de basket ; dessiner une marelle pour accéder à la poubelle... Se servir du jeu pour amener le geste citoyen.

SC : Je serais à la place de la ministre, je m'inquiéterais, tu vas lui piquer sa place.
ÉL : C'est ce que Frédéric Leturque m'a dit.

SC : Ah bon ?
ÉL : Oui, mais je préfère pas.

SC : Depuis que tu es née, tu as subi plusieurs opérations du cœur.
ÉL : Trois. La première à l'âge d'un an. Staphylocoque. La deuxième en décembre 2014. Une nouvelle infection. La *Escherichia coli.*

SC : Tu en as traversé, des épreuves… Tes parents t'ont toujours beaucoup soutenue. Je les comprends, moi aussi j'ai soutenu la mienne.
ÉL : J'adore quand vous parlez de votre fille.

SC : Elle a dix ans de moins que toi…
ÉL : On a tous besoin de ses parents, handicapé ou non. *(Elle se tourne vers son père.)* Je sais ce que tu vas leur raconter…
Emmanuel Laloux : Lors de l'émission *La Tête au carré,* sur France Inter, le professeur Jean-Didier Vincent a dit que les personnes trisomiques étaient des poisons pour une famille. Personne ne l'a contredit. J'ai écrit une lettre de plainte, sans réponse.
ÉL : Donc moi, j'ai répondu par une vidéo, dans laquelle j'ai détourné son propos en une « potion d'amour ». Pas de réponse non plus.

(Éléonore et son père regardent les papiers.)
Emmanuel Laloux : Ça c'est ta lettre au Premier ministre pour les feux à décompte. Parce que si on veut faire des feux à décompte, en France, on ne peut pas.
ÉL : C'est pas qu'on ne peut pas, c'est qu'on n'a pas le droit.
Emmanuel Laloux : D'accord.
ÉL : C'est pas pareil.
Emmanuel Laloux : D'accord, excuse-moi.
ÉL : C'est pas grave Manu.

SC : Pourquoi tu l'appelles Manu et pas papa ?
ÉL : Quand je suis en forme, c'est Manu. Et quand je ne suis pas bien, que je suis malade, c'est papa. Et quand c'est la fête des pères, il a droit aux deux, Manu et papa.

SC : Dans cinq ans, c'est les élections, tu te vois sur un deuxième mandat ?
ÉL : Oui, si Frédéric Leturque veut me renouveler.

SC : Si tu as fait du super boulot, tu peux aussi te présenter comme maire d'Arras.
ÉL : Peut-être !

Gringe

Mon frère, ma déchirure

Sourcils épais, regard de métal, Gringe s'assied et croise ses mains. Sagesse intimidée ou vigilance de bagarreur ? Les deux. Lorsque Gringe parle de son frère schizophrène, émerge une autre personne, un mélange de Grand Sachem et de lutteur. Car il faut du recul et de la hargne pour imposer enfin ce cadet différent, enrober son existence de mots et l'asseoir à la table de nos vies.

Sophie Cluzel : Quand ils ont su que j'allais m'entretenir avec vous, mes enfants m'ont dit : « C'est tellement important de parler des frères et sœurs face à la différence »…
Gringe : On entend rarement une fratrie s'exprimer sur le handicap. La plupart du temps, ce sont les médecins, les spécialistes ou les parents

qui prennent la parole. Moi, je parle à la place de Thibault, mais il me l'a demandé. Il n'a aucune envie d'être exposé.

SC : Vous dites souvent que votre frère est différent, mais pas malade. Pourquoi ?
G : Parce que je pense que jusqu'au choix des mots, il est important de déstigmatiser, casser les idées fausses, autour de ces pathologies-là. Je remarque que dans l'imaginaire collectif, tout ce qui touche au dysfonctionnement psychique représente un danger. Une insécurité. Quand les médias parlent d'un schizophrène, ils évoquent « un déséquilibré ». Cette vision isole. Moi-même je suis tombé dans ce piège. Thibault avait dix-neuf ans quand il a été diagnostiqué, et j'ai failli le voir comme une bête curieuse.

SC : Dix-neuf ans… L'institution scolaire aurait-elle raté des signaux ?
G : Depuis tout petit, Thibault est hypersensible. J'ai deux ans de plus que lui. À l'école, c'est un petit garçon en retrait, taiseux, une éponge émotionnelle. À l'adolescence, la tendance s'inverse. Il devient frondeur, virulent, il se bagarre, fait des conneries. On a du mal à le contenir. Il

enfonce tous les interdits, ce sont les premières expériences, les drogues... malgré des parents très attentifs. L'école est un cadre qui l'oppresse toujours, il en parle beaucoup, ne parvient plus à focaliser son attention, a du mal à suivre, ce n'est pas son rythme. Mes parents décident de le déscolariser. Il est en première.

SC : Aucun psy scolaire n'a alerté vos parents ?
G : Non... Peut-être que ce n'était pas suffisamment symptomatique, ancré, visible. De plus, Thibault était capable de verbaliser son décalage.

SC : Mais enfin, personne ne vous a proposé d'alternative, d'aide !... Thibault sort du système scolaire, c'est la famille tout entière qui se retrouve seule...
G : Je sais bien... Mais Thibault ne reste pas seul à la maison. Dès qu'il est déscolarisé, il trouve un travail pour un mois à l'hôpital Lariboisière à Paris. C'est pendant cette période que va s'opérer le premier épisode psychotique. Il entend des voix parasites qui s'installent dans sa tête.

SC : C'est vers le grand frère qu'il se tourne alors ?

G : Vers notre mère. Thibault lui explique ce qu'il a entendu. Elle lui fait passer des examens en psychiatrie, à l'hôpital d'Esquirol, à Caen, où nous vivons. À ce moment-là, nos rapports sont moins fusionnels, son sort m'importe peu. On me rapporte les faits mais je suis très égoïste, je vis pour ma pomme, avec mes potes, je mène ma vie. Jusqu'au jour où je vais le chercher à l'hôpital. Je récupère un petit frère sédaté, complètement amorphe. C'est une immense violence. Quelque temps après, le verdict tombe. Ma mère arrive en disant : « C'est une schizophrénie chronique, ce sera pour la vie », rien d'autre. La famille bascule à ce moment-là.

SC : Lors de cette annonce, Thibault était présent ?
G : Oui, il était avec ma mère.

SC : On lui a dit « Vous êtes schizophrène », et on les a laissés se débrouiller avec ça ! C'est regrettable. D'autant que certaines équipes savent l'annoncer et accompagner la famille, indiquer les aides. C'est tellement important !
G : Ma mère est vraiment allée seule à la pêche aux informations. À l'époque, internet n'existait

pas. Elle s'est inscrite dans des associations, a rencontré des gens, participé à des discussions, fait le tour des médecins de Caen, est montée sur Paris… Elle voulait comprendre cette pathologie, comment vivaient les familles, ce que l'on pouvait mettre en place pour Thibault. Ma mère s'est montrée méticuleuse et acharnée, pendant des années. Des noms de médicaments me reviennent parfois… Je crois que Thibault a tout essayé ! La difficulté a été de trouver le bon médicament, le dosage adéquat, la molécule la mieux adaptée. Mon frère essayait un traitement, sur une certaine durée, et puis un autre… Avec une vraie mauvaise volonté… Ma mère veillait au grain, elle vérifiait les prises de médicaments.

SC : Et votre père ?
G : Il s'est mis des œillères. Il faut réinscrire les événements dans une histoire de famille, avec ses nuances, mais le fait est que mon père a détourné le regard.

SC : Et vous ?
G : Je suis passé par bien des étapes avant la phase d'acceptation ! Au départ, j'ai réagi par du rejet et la colère. Je dis à mon frère, droit dans

les yeux : « À quoi tu joues ? C'est pour attirer l'attention ? » Ses comportements bizarres m'irritent. Il est de plus en plus mutique ou alors il fredonne pendant nos dîners en famille. Dans sa chambre, il bricole toute la nuit ou met la musique à fond. Je sens que c'est grave, il n'est pas capable de me répondre comme il l'a toujours fait. Plus tard, je comprendrai pourquoi il fredonnait ou montait le son : pour couvrir les voix. Mais à l'époque, j'assiste à une métamorphose terrifiante. Si terrifiante que je suis sec avec lui, le pousse dans ses retranchements, je suis assez radical. Ne plus reconnaître mon double, ce petit frère qui a grandi sous mon nez, est insupportable.

SC : Vous devez faire le deuil d'un vivant…
G : C'est trop violent, je plonge dans le déni. Un an après le diagnostic, mes parents partent vivre dans le Sud. Moi je reste à Caen, je pense : « Très bien, puisque la famille c'est un sac d'emmerdes, moi je vais couper les ponts. » Pendant presque trois ans, j'ai très peu d'interactions avec eux. Quand je vais les voir, j'assiste impuissant à une famille qui se disloque, des parents qui se séparent, un frangin ballotté entre les deux, et

qui part beaucoup en voyage tout seul. Généralement, je fous le camp de la maison très vite. Mais cette fuite n'est plus tenable, le souvenir de Thibault me poursuit. Il me manque trop. Je me réveille la nuit, en pleurs, et c'est cette copine qui me dit un matin : « Tu as encore fait un cauchemar. » Alors je décide d'aller le retrouver.

SC : Le retrouver ou l'affronter ?
G : Justement, je n'en sais rien. Je fais la démarche de renouer des liens, j'ignore comment Thibault va me recevoir... Je m'attends à tout. Finalement, il m'accueille les bras ouverts, le lien de la fratrie est toujours là. Malgré ma longue absence, c'est spontané. Ma vie pour la sienne, tous les jours, depuis petit.

SC : C'était à vous qu'il se confiait le plus ?
G : Oui, j'étais le seul à qui... il ouvrait une porte. D'une part, il sent l'absence de jugement. Je le regarde et je ne le condamne pas, je l'accueille comme il vient. D'autre part, je crois en ses histoires. Un exemple : un soir de Noël, Thibault m'explique qu'il voit une petite fille au fond de la pièce. Je suis pétrifié pour lui parce

que je sais qu'il la voit vraiment, il ne joue pas la comédie. Thibault sait que je le crois.

SC : Durant son parcours de soin, a-t-il réussi à tisser des liens particuliers avec un médecin, un psychiatre ?
G : Aujourd'hui, il en a trouvé un. Après quinze années d'errance médicale, géographique, de traitements, d'hospitalisations. D'attente... Pour être honnête, Thibault n'a jamais fait beaucoup d'effort envers les psychiatres. Il restait très secret. En revanche, il a souvent été interné à sa propre demande. Paradoxal...

SC : Ce n'est pas un paradoxe. C'est ne plus pouvoir se supporter soi-même.
G : Exactement, c'est un sas de décompression où il peut se défatiguer. Aujourd'hui, il n'en a plus besoin. Il a fait le tour de la question, a fini par accepter, il reconnaît qu'il est en souffrance...

SC : Il n'a jamais suivi des ateliers de groupe ?
G : Il a tenté, mais c'était assez infantilisant. J'y ai assisté. J'observais. De plus, il se vivait en décalage avec les autres patients. Il me disait :

« J'ai l'impression d'être un pivot pour ces gens-là, quelqu'un sur qui ils se reposent », et c'était sans doute vrai. Thibault sait transiter entre son monde intérieur et le nôtre.

SC : Il n'a jamais eu envie d'aider ceux qui ressentent la même chose ?
G : Si, et il le fait. Je l'ai toujours vu accueillir les gens qui étaient plus en souffrance que lui avec compassion, avec écoute. Un vrai phénomène : quand il avait devant lui une personne schizophrène, quel que soit le degré, d'un coup mon frère redevient un peu plus… je ne vais pas dire normal, mais lucide. Il est capable d'aider, d'écouter, de conseiller…

SC : C'est très important ce que vous dites, car je cherche à mettre en place les pairs-accompagnants : réunir des personnes qui vivent un peu les mêmes choses et s'entraident. Quand l'un d'eux réussit à enjamber un obstacle, il montre le chemin à l'autre, sans jugement. C'est plus simple qu'avec quelqu'un qui ignore ce que vous êtes en train de vivre.
G : C'est à la fois rassurant et inclusif. Je suis le parrain d'une jeune association, « La maison

perchée[1] », qui regroupe des personnes bipolaires ou schizophrènes, encadre des discussions de groupe et des ateliers. Donc forcément, pour quelqu'un en souffrance, avoir une personne référente, c'est stimulant. Je veux préciser qu'il n'y a pas que la pathologie qui détruit. S'ajoute, dans ce marasme des années d'errance médicale, quelque chose de l'ordre de la dépression, de l'absence de projection, une volonté annihilée… Et même chez mon frère, qui est quand même cadré et entouré, ça reste compliqué au jour le jour, après tout ce temps, de faire des projets et de s'y tenir. C'est toujours à pas de fourmis. Thibault a conscience de sa condition de jeune homme que la maladie empêche de pouvoir s'épanouir pleinement. C'est une injustice terrible. Donc je l'accompagne du mieux que je peux. Récemment, il a passé son baptême de plongée. Je trouve ça dingue, lui qui est si frileux, qui craint tant de choses… À force de vivre reclus, on a peur facilement. Je lui fais remarquer qu'il va porter des bouteilles sur le dos, interagir avec des gens, partir en haute mer… Il me dit : « Sous l'eau, je suis moins envahi. »

1. *https://www.maisonperchee.org*

SC : Thibault a-t-il envie de travailler ?
G. : C'est ce qui lui manque le plus ! Thibault vit seul, dans un petit appartement. Mais il n'a pas de travail. Il est confiné depuis longtemps... L'isolement crée la solitude – les deux termes sont bien différents. À force d'être coupé des autres, Thibault perd sa volonté. Chaque fois qu'il a une chérie ou qu'il fait une rencontre, j'observe la métamorphose. Il est remobilisé, heureux, en résonance avec le monde. À l'heure qu'il est, il lui manque un job et une chérie. Où peut-il rencontrer quelqu'un ? Dans le couloir d'un hôpital psychiatrique ? À ce jour, l'hôpital est le seul endroit où il peut se connecter un peu et nouer du lien social. Ce qui lui manque, comme à n'importe quel jeune adulte de trente-cinq ans, c'est une vie sociale, amoureuse et professionnelle. Trouver un emploi serait une révolution.

SC : Et une rémission.
G : Il ne serait plus schizophrène de la même manière s'il pouvait retrouver un peu de normalité autour de lui. L'isolement est le cœur de la maladie. Or, on peut vivre avec une schizophrénie, on peut avoir des enfants, une famille,

du boulot… Autrement. Mais on peut. Une personne qui a été mise à l'écart toute sa vie, à laquelle on rend un peu de dignité, je l'ai constaté : elle se remet en mouvement.

SC : Le handicap psychique est l'une des premières causes de la désinsertion professionnelle. Les gens perdent leur travail à cause de ça, ou ne parviennent pas à en trouver. Ces situations sont invisibles. Avec ce préjugé majeur, dès qu'on parle de trouble mental…
G : Pour l'employeur, j'imagine que c'est synonyme de problème.

SC : Et aussi d'incompréhension. De comportement inadéquat qui met en péril son collectif de travail. Le job coaching sert à dénouer ces peurs, à accompagner, soutenir les employeurs.
G : Ce qui revient souvent également chez Thibault, c'est sa peur de décevoir. Ça va de pair avec tout ce que l'on vient de dire : comment avoir confiance en soi, se sentir utile, quand on est maintenu à part.

S.C. : Il ne faut pas oublier qu'il est très difficile de rompre l'isolement. La personne doit le

souhaiter. Or, nous recevons beaucoup de refus de soins, d'accompagnement...
G : Thibault aussi a refusé pendant des années. Il s'y est enfin mis. À « La maison perchée », il participe à des discussions, des séances de remédiation cognitive, et des ateliers de cuisine, de gestion de courrier... Ces petits repères sont importants.

SC : Vous parlez comme un père, et non plus comme un grand frère...
G : J'ai toujours gardé un œil protecteur sur Thibault. Aujourd'hui, nous sommes adultes et réunis. Ensemble, nous sommes pleinement dans l'instant. Je profite de votre remarque pour réfléchir à la différence entre le rôle de frère et celui de parent. J'ai observé ma mère : elle est dans un rapport charnel à son enfant, si bien que ce manque de distance émotionnelle a freiné mon frère. Cet énorme affect l'a empêché de se responsabiliser, de prendre conscience de sa maladie. Je suis à l'opposé de ma mère. Dans l'urgence, je n'ai aucun affect. Je deviens très pragmatique, j'agis. La souffrance de mon frère est une information que je balaye : dans son intérêt immédiat, il faut trouver une solution,

sans état d'âme. Par exemple, s'il faut l'éloigner, je l'attrape, j'ignore sa réaction et je l'éloigne.

SC : Comment ressentez-vous ce lien fraternel si particulier ?
G : Avec lui, je ne réfléchis pas. Tout est évident. Il y a un effet miroir dans la fratrie. Surtout quand l'écart d'âge est mince. À cause de cet effet miroir, Thibault n'aime pas me voir jouer dans un film. Il a du mal à m'expliquer pourquoi, mais je crois que ça brouille la vision double qu'il a de nous, comme si nous devenions trois, ou bien comme si je brisais cette fusion.

SC : Être grand frère, c'est un souci permanent ?
G : En termes de vigilance, oui. J'y pense tous les jours. Pour autant, je ne l'appelle jamais, c'est toujours lui qui me contacte. Nous nous voyons régulièrement. Je n'ai pas peur pour lui – pour le moment. Thibault parvient à vivre avec ses voix. Je ne sais pas comment il les canalise, ce qu'il bricole, pourtant il arrive à les gérer, les éloigner. Il a une vraie force de caractère, il est brillant, ses fulgurances sont incroyables. Mais il marche sur une ligne si fine… Je sais bien la lutte qu'il mène contre sa maladie. Je comprends, aussi,

ceux qui, à cinquante ou soixante ans, avec trente ans de solitude…

SC : Vous le redoutez ?
G : Bien sûr. Et je veux absolument l'éviter. Donc je lui cherche des projets, de la mise en mouvement, c'est une course contre la montre.

SC : Comment sensibiliser la société à cette difficulté, à cet isolement de toutes ces maladies mentales peu connues et qui font peur ?
G : Je reviens sur l'importance du vocabulaire…

SC : Il n'est pas rare d'entendre des gens se traiter de schizo, mongolien, débile…
G : Ou par exemple : « En ce moment, je suis autiste, je n'arrête pas de bosser » ou « Arrête de faire le ouf ». Il ne s'agit pas d'insulte, mais de stigmatisation pernicieuse. Je n'emploie plus ces mots.

SC : Votre témoignage montre le poids et la richesse d'un frère différent…
G : Thibault est une véritable leçon de vie. Un enseignement quotidien. J'étais le gamin le plus égoïste, le plus autocentré au monde. Mon

humanité se résumait à me nourrir, draguer des nanas, être avec des potes et fumer des joints… Elle s'est ouverte sur un horizon tellement plus vaste. Thibault m'a appris à relativiser mes petits bobos, m'écarter de la complainte. Une fois, il a accepté que je l'accompagne au Maroc. Je me retrouve dans un orphelinat où Thibault offre des fournitures scolaires aux gamins. Il avait tout programmé sans rien dire ! Ce sont des personnes formidables d'empathie. Pourtant on ne les voit nulle part, la société ne leur fait pas une petite place, alors qu'ils sont une majorité silencieuse.

Damien Seguin

Capitaine crochet

Il arrive du Vendée Globe, au printemps dernier. Damien Seguin a fini la course septième, malgré son handicap (il n'a qu'une seule main). Il s'est battu contre l'eau, le vent, les chutes de moral, les pannes techniques, et pourtant il relativise son exploit. Car Damien Seguin pense au prochain défi. Sa vraie victoire est là : être en mouvement, regarder devant, ne pas s'enorgueillir. Une leçon de triomphe modeste.

Sophie Cluzel : Vous venez d'arriver du Vendée Globe. Pas de mal de terre ?
Damien Seguin : Non. Je n'ai pas eu non plus le mal de mer. Pourtant, lorsque vous montez sur un bateau, il faut prendre de nouvelles habitudes. Apprendre à vivre penché, se nourrir et dormir

différemment… Sur le Vendée, je me suis adapté sans problème.

SC : Vous avez manœuvré un bateau, sur une course périlleuse, avec votre handicap. Comment avez-vous procédé ?
DS : J'ai toujours du mal à répondre à cette question car la façon dont je m'y prends avec mon handicap n'est finalement pas la plus importante, ce que je mets en avant c'est mon adaptation aux choses. Pour moi, la gestion du matériel est centrale. La façon d'organiser les manœuvres par types, c'est mon dada. J'aime que les choses soient bien en ordre. Si c'est simple et efficace, j'arrive à être plus performant. Et quand les autres viennent voir mon bateau ils disent : « Ah oui, c'est vachement bien. » Et puis la semaine d'après, je retrouve le même arrangement sur le leur. Si c'est plus simple pour moi, ça l'est pour les autres.

SC : Les ajustements profitent au plus grand nombre…
DS : Et c'est valable bien au-delà de la navigation. Aujourd'hui, avoir mis des rampes d'accès dans tous les bâtiments publics, bien sûr c'est plus pratique pour quelqu'un en fauteuil. Mais ça l'est

aussi pour la vieille dame qui n'arrive pas à monter des marches ou la maman qui a une poussette.

SC : À quel moment, sur votre bateau, vous êtes-vous dit : « Je donnerais cher pour avoir mes deux mains » ?
DS : Si j'avais pu en avoir deux, j'en aurais demandé trois ! Et c'est pour tout le monde pareil : on est sur des machines tellement puissantes que notre physique, bodybuildé ou non, ne suffit pas… Quand on navigue en solitaire, on assure nous-même notre propre sécurité. Il faut faire attention à ne pas tomber, surtout par-dessus bord, ne pas se blesser inutilement… La difficulté sur ce genre de bateau, c'est quand le vent monte. Les manœuvres deviennent plus compliquées, plus dangereuses.

Alors, j'anticipe. Lorsque vous avez deux mains, vous savez que l'une vous servira pour ne pas perdre l'équilibre sur un pont. Moi, je n'en ai qu'une. Donc je fais en sorte de ne pas perdre l'équilibre. De la même façon, quand je ramasse une voile, je sais que j'ai moins de force que les autres. Donc j'anticipe. Je passe ma vie à anticiper, je fais ça depuis tout petit.

SC : C'est-à-dire ?
DS : J'ai appris à skier sans bâton ! Mon papa était guide de haute montagne. Dès que j'ai su marcher, il m'a mis sur un mur d'escalade. Je suis tombé, peut-être plus qu'un autre gamin. Mais je me suis relevé et j'ai recommencé. Idem pour lacer mes chaussures. Comment faire avec une main ? Si à un moment mes parents s'étaient posé la question, ils m'auraient mis des chaussures à scratchs, et, aujourd'hui, j'en porterais encore. Ils ont toujours pensé : « Nous ne pouvons pas lui apporter la solution, car nous, on ne sait pas faire des lacets avec une main. On lui fait confiance pour se débrouiller. » Lorsque mon fils m'a demandé de lui apprendre à lacer ses chaussures, j'ai pu lui répondre : « Ah désolé, moi je sais seulement le faire à une seule main, il va falloir que tu apprennes avec tes deux mains ! » Depuis, je conseille aux parents qui ont un enfant différent : « Laissez-le faire. La solution, il va la trouver tout seul. Vous serez surpris. »

SC : Vous souvenez-vous de la première fois où vous avez senti votre différence ?
DS : J'avais seize ans. Je voulais m'inscrire à la conduite accompagnée. L'inspecteur me dit :

« Non Damien, tu es différent, tu ne pourras pas faire comme les autres. » Ça m'a vraiment blessé. Mon père était presque plus choqué que moi ! Mes parents n'ont jamais caché mon handicap, mais ils ont toujours fait en sorte que je puisse me débrouiller avec mes deux bras. Ils me remontaient la manche systématiquement pour éviter qu'elle ne pende et me gêne, et faciliter ma préhension. Finalement, comme tous les gamins, j'ai fait avec ce que j'avais.

SC : Ça vous a pris tout petit d'être compétiteur ?
DS : Oui. Enfant, j'étais toujours en compétition le week-end, triathlon, biathlon, course à pied… Très tôt, j'ai eu le goût de me mesurer aux autres.

SC : La passion pour la mer est venue ensuite ?
DS : Ce rapport à la nature me plaît vraiment. Et puis la mer est un terrain d'expression où je peux me mesurer à tout le monde, y compris aux valides. La voile est un des rares sports où l'on peut compenser le physique par de l'intelligence de navigation. Voyez le navigateur Jean Le Cam, qui était aussi sur le Vendée Globe : il a soixante et un ans et réalise des super performances, idem pour Isabelle Joschke, pourtant petite et

pas très musclée. La navigation est possible pour moi parce que j'ai les stratégies d'évitement et de compensation, je bricole des adaptations qui me rendent aussi performant que les autres.

SC : Vous avez été touché par le sauvetage de Kevin Escoffier par Jean Le Cam. Diriez-vous qu'il y a plus de solidarité en mer que sur terre ?
DS : Non, elle existe forcément sur terre. Mais dans le contexte du Vendée Globe, c'est une mentalité particulière. On sait dès le départ que s'il nous arrive un souci, notre premier secours c'est forcément un de nos concurrents. Lorsque Kevin Escoffier était en détresse, la course était en suspens pour tout le monde. Un accident pareil est assez rare, il a remis le risque au centre de nos préoccupations. On a tous vérifié deux fois nos caissons étanches dans nos bateaux.

SC : En 2005, vous vous étiez inscrit à la Solitaire du Figaro et vous avez été refusé. Pourquoi ?
DS : En 2004, je fais mes premiers Jeux paralympiques, je reviens avec une médaille d'or. En 2005, je veux faire de la course au large, on commence généralement sur la Solitaire du Figaro. Je me doute bien que mon inscription

va susciter des questions, puisque j'ai une main en moins, alors je prends les devants. J'écris à l'organisateur pour lui proposer de lui expliquer. Pas de réponse. Je relance, rien. C'est un peu bizarre. Arrive le salon nautique, en décembre, je sais que la Solitaire du Figaro a un stand. Je m'y rends, demande un rendez-vous, reçois une fin de non-recevoir. Personne ne veut discuter. Pourtant, les dossiers d'inscription sont là, il faut les remplir dans la semaine. Donc j'en prends un, je le remplis, le tends à la secrétaire avec une copie de ma première lettre. Toujours rien. Deux mois plus tard, je reçois une lettre recommandée et je me souviendrai toujours des mots qui ont été employés : « Le comité de sélection... refuse votre candidature... car on ne vous juge pas capable de naviguer en bon marin. »

Entre-temps, j'avais loué un bateau, commencé à m'entraîner... L'affaire a été médiatisée, c'est parti en eau de boudin, les journalistes ont demandé des comptes au *Figaro*.

SC : Le *Figaro* s'est-il alors manifesté ?
DS : Même pas. Ils ont cherché des excuses comme : « L'assureur ne veut pas prendre de risque. » Deux jours après, j'avais un appel de

l'assurance qui me certifie qu'elle m'assurera ! J'ai voulu apaiser les choses, j'ai retiré mon inscription, plus répondu à la presse. En 2006, j'ai reposé ma candidature à la Solitaire du Figaro et j'ai été accepté.

SC : Vous avez réussi à faire bouger ce système !
DS : Cette histoire est remontée jusqu'à l'Assemblée nationale. On avait mis le doigt sur la mécanique des sélections en course au large. Ces sélections, c'était un peu à la tête du client. Alors, j'ai mis les pieds dans le plat : « Je comprends que vous vous posiez des questions par rapport à mes capacités, mais prenez une personne de cinquante-cinq ans, en surpoids, vous la mettez dans l'eau… Qui est le plus en danger, elle ou moi ? Qui est capable de remonter à l'échelle de corde le long d'un bateau ou d'un cargo ? » Moi j'en suis capable. Elle, plus valide, se retrouve plus handicapée que moi sur un bateau ou dans une situation d'urgence. Depuis, le système de sélection a été revu, l'inscription est basée sur des sélections sportives et des tests de survie. Ce qui a permis à d'autres personnes, avec d'autres types de handicap, d'accéder à la voile. On a gagné. La pire des choses aurait été que je ne sois qu'une exception.

SC : L'évaluation était faite par des gens qui ne vous connaissent pas.
DS : Exactement, par des valides. D'où l'importance de mélanger les personnes handicapées et les autres. J'ai la certitude que le système scolaire doit beaucoup plus intégrer les enfants atteints de handicap dès le plus jeune âge, pour créer cette mixité.

SC : Hélas, nous ne sommes qu'à 2,5 % d'élèves intégrés.
DS : Mes enfants de quatorze ans et dix ans ont toujours eu des « Ulis » dans leur classe. Et aujourd'hui, pour eux, la différence est normale. Un jour, mon fils, qui a grandi en Bretagne, se retrouve à un regroupement de l'équipe de France handisport. Il a toujours côtoyé le handicap, le mien et celui des athlètes de mon entourage. Pour lui, un fauteuil roulant n'a jamais été un problème. Il est toujours monté sur les genoux des gens… Lors de ce regroupement, nous voyons arriver Joël Jeannot, en fauteuil. Mon fils me dit : « Papa, regarde, le monsieur. » « Oui, bah il est en fauteuil roulant, ce n'est pas la première fois que tu vois ça. » « Non, mais

il est noir ! » La nouveauté pour lui, c'était la couleur de peau. Pas le handicap. C'était extraordinaire. C'est ce qu'on n'a pas l'habitude de voir qui choque.

SC : Il faut une bonne dose d'autodérision, non ?
DS : Oui. On s'en rend bien compte, surtout chez les sportifs. Je n'ai jamais autant ri de moi, de mon handicap, et celui des autres, qu'en équipe de France paralympique. Ces sportifs sont vraiment décomplexés.

SC : Vous avez été le premier professeur d'EPS à avoir le Capeps. Il n'y a pas eu de barrage par rapport à votre handicap ?
DS : Ça a été une galère pour passer le Capeps ! Un an avant le concours, ils se sont rendu compte que j'avais un problème. J'ai dû me justifier devant une commission médicale. Mais ils ont accepté que je passe le concours.

Pour le Capeps, il y a des épreuves écrites, orales et physiques. J'ai poussé le vice jusqu'à prendre la spécialité volley-ball. La passe à dix. « Expliquez-moi monsieur Seguin, comment vous faites la passe à dix ? » m'a demandé le jury. Autant vous dire que j'étais scruté avec des jumelles !

J'ai eu mon Capeps dès la première année. Dans les formations des enseignants, ceux qui sont le plus formés à la différence, ce sont les profs d'EPS. Parce qu'ils doivent gérer des profils très différents, par exemple de plus en plus d'enfants obèses, les asthmatiques… Ils savent gérer les particularités.

SC : Quand vous êtes devenu père avez-vous eu peur que votre enfant naisse handicapé ?
DS : Comme tous les parents, on espère que son enfant aura toutes ses capacités, c'est évident. Mais s'il avait eu un handicap, je l'aurais bien sûr accepté… Ça aurait quand même été vache de ma part : « Bah non, finalement, on le prend pas. » Pourtant ça a été une vraie question. Je vais vous raconter une autre anecdote, extraordinaire. On était ensemble avec ma femme à la première échographie. On demande au médecin : « Pouvez-vous vérifier qu'il a bien deux mains ? » Il regarde l'écran et nous dit : « Vous avez la réponse. » Le gamin s'était mis face à nous, les mains écartées ! Comme s'il avait entendu la question… Alors on a compté, 1, 2 jusqu'à… 10 !

Tahar Ben Jelloun

Père et fils

La voix est douce, le verbe posé. Tahar Ben Jelloun est assis dans un fauteuil, face à un plateau-repas qu'il touchera peu, occupé à décrire, avec le plus de justesse possible, l'amour qu'il voue à son fils. Ses réponses sont précédées de brefs silences. J'y vois une volonté de précision, de rigueur, envers la mémoire et le ressenti. Ce grand écrivain choisit de coller ses mots au plus près d'une réalité, celle d'un lien paternel dont la passion n'exclut pas la lucidité.

Sophie Cluzel : Comment avez-vous appris le handicap de votre fils Amine ?
Tahar Ben Jelloun : Lorsqu'il est né, à 3 heures du matin. Je me trouvais à la clinique, comme à chaque naissance de mes enfants. Le médecin m'a invité à le suivre dans son bureau. J'ai

trouvé ça étrange. Il a pris un papier puis dessiné des ronds, des branches. Il m'en désigne une : « 21. Il y a un chromosome en trop. C'est la trisomie 21. » Je suis sonné. Il ajoute : « Votre fils est mongolien. » Ce mot me choque profondément. Il me dit : « Votre fils ne fera pas de grandes écoles, il aura du retard, sera différent des autres. » 3 heures du matin…

Je rentre à la maison, ma femme se repose à la maternité, elle n'est pas encore au courant. J'appelle notre médecin de famille, un grand ami. Il soupire : « Ouh là là »… Le lendemain, je retourne à l'hôpital. Je tombe sur une jeune pédiatre qui me glisse : « Vous savez, on peut vous en débarrasser. Il existe des associations, vous ne le verrez plus jamais, comme s'il n'avait pas existé. » Je suis toujours dans les vapes. J'ai amené notre médecin de famille afin qu'il annonce la nouvelle à ma femme. Il lui parle, elle pleure.

Alors, revenus à la maison, nous prenons une décision, celle de faire comme à chaque naissance : nous invitons la famille de ma femme. Amine est dans son berceau. Nous l'annonçons à tout le monde : « Amine est un enfant qui est arrivé avec des difficultés, c'est notre fils et on l'aime, point à la ligne, il n'y a pas à discuter. »

SC : Vous vous montrez donc combatif, immédiatement ?
TBJ : À la naissance d'Amine, en 1991, ma femme et moi étions en train de divorcer. D'un commun accord, nous avons arrêté la procédure. Nous avons pensé : « Amine a un problème, nous allons le résoudre *ensemble*. Notre problème à nous, on verra plus tard. » Nous avons milité pour que cet enfant ne souffre de rien, qu'il soit traité comme les autres. Notre amie psychologue, Danielle Rapoport, qui a beaucoup écrit sur la différence et le handicap, m'a donné un précieux conseil : « Il faut qu'il soit entouré de ses frères et sœurs. » Amine était le cadet et après lui, nous avons eu deux autres enfants. Leur mère a été extraordinaire, plus que moi, car je travaillais et voyageais beaucoup, mais j'étais présent, à chaque fois qu'il y avait une réunion. Je n'ai pas pris la fuite. Le plus difficile a été d'empêcher que notre gamin entre dans une institution. Nous avons tenté. Mais nous y avons vu des enfants si marqués, si malheureux, qu'Amine reculait en disant : « Non, non. » De fait, il n'a jamais été confié à personne.

L'autre bataille fut la scolarité. L'unique école à Paris qui a accepté Amine, c'était l'école de l'île

Saint-Louis. Dans tout Paris, vous vous rendez compte ? Une seule école avec une classe pour enfants différents, sept élèves en tout... Je me souviens que la directrice ne voulait pas de cette classe. « C'est que des emmerdes ! » disait-elle. Nous nous sommes battus pour qu'Amine soit pris. Il se bagarrait beaucoup, son professeur nous a convoqués, l'a traité de voleur car... il avait pris deux croissants au lieu d'un pour le goûter ! Mais nous n'avons jamais abandonné.

SC : Vous avez quatre enfants. Comment avez-vous veillé à ce que la fratrie inclue Amine ?
TBJ : Ses frères et sœurs étaient donc prévenus qu'Amine était différent. Cependant, nous le traitions à égalité. Pas de complaisance. Quand il faisait une bêtise, on l'engueulait ! C'était un enfant très agité, il fallait le retenir... Mais nous avons découvert une chose extraordinaire qui s'est toujours révélée exacte : son intuition. À l'âge de cinq ans, nous sommes chez mes parents, à Tanger, dans le salon, avec de nombreux cousins et cousines. Amine entre, embrasse tout le monde, sauf une de mes cousines. Or, je l'avais entendue dire à son mari en arabe, bien avant de saluer Amine : « Ouh là là ils ont un enfant pas

normal… » Amine sent ceux qui l'aiment et ceux qui se méfient de lui. C'est immédiat, toujours juste. Je crois que beaucoup de trisomiques ont cet incroyable instinct. Pour nous, cette prescience d'Amine a été une révélation fantastique.

SC : Les enfants trisomiques ont les sens primaires extrêmement aiguisés. Leur richesse, elle est là. En famille, en entreprise, à l'école, ils ne se trompent pas sur la qualité de la personne en face d'eux. Ils sentent tout ! Il nous est arrivé de recevoir des amis à dîner. Ils se sont disputés dans la voiture, personne ne le sait, sauf Julia, qui fonce vers mon amie et lui dit : « Tu sais ton mari il est très gentil, va te réconcilier »…
TBJ : Autre chose, qui n'appartient qu'à ce genre d'enfants : Amine n'a *aucune* notion du mal. Un jour, il marchait dans la rue et la police a contrôlé son identité. Il était paniqué. Comme il n'est pas très marqué physiquement, les policiers n'ont pas vu qu'il était trisomique. La panique d'Amine a mis une semaine à redescendre. Il n'avait rien fait de mal, ne comprenait pas. Ce sont des enfants qu'il faut protéger. Par exemple, est-ce que Julia a la notion de l'argent ?

SC : Compliqué…
TBJ : Amine aussi. L'autre jour il me dit : « Papa, je vais acheter une maison. J'ai de l'argent !… » Ou alors, il nous invite à dîner, il paye avec sa carte, sans aucune conscience du prix. Mais si je lui demande cinq euros, il s'offusque : « Ah non ! » Il n'a aucune conscience de la valeur des choses.

SC : Julia peut payer une baguette quinze euros sans s'en rendre compte… Du coup, ils sont la proie des escrocs.
TBJ : C'est pourquoi je pense à l'avenir. J'ai souscrit pour Amine une assurance vie plus importante que pour les autres enfants. Je sais que personne ne l'abandonnera. Mais il faut qu'il soit protégé. Ce sont des êtres profondément innocents.

SC : D'ailleurs, vous avez écrit « la trisomie, c'est comme un malheur innocent »…
TBJ : Un enfant trisomique, ce n'est pas facile, on ne va pas se raconter d'histoire. Mais quand il est là, il vous révolutionne, en tant que parent et pas seulement. Amine va avoir trente ans. Évidemment que j'éprouve parfois un petit regret,

mais je n'en fais pas une maladie. Je l'accepte. Et cette acceptation me transforme en profondeur, elle va puiser dans le meilleur. Disant cela, je suis bien conscient de ma chance : Amine est autonome, il travaille, communique, se déplace, ne souffre pas... Je n'ai pas d'enfant avec un handicap majeur, lourd.

SC : Amine est-il conscient de son handicap ?
TBJ : Pas vraiment. Quand je lui propose : « J'ai vu un film avec une petite fille trisomique, tu veux le regarder ? » Il me répond : « Non, pourquoi veux-tu que je le voie ? » Et en même temps... Un jour, sa mère et lui devaient prendre l'avion. Ils arrivent très en retard à l'aéroport. Sa mère repère un passage pour les handicapés. Mais un policier l'arrête car, là non plus, il ne remarque pas le handicap d'Amine. « Je suis avec mon fils handicapé ! » insiste mon ex-femme. Le policier n'en démord pas. Alors Amine se plante devant lui et lâche : « Je suis trisomique. » Le policier les a laissés passer !

SC : C'est vrai qu'il n'a pas le faciès caractéristique des personnes trisomiques. Est-ce qu'il a

déjà eu envie d'une relation avec une fille non trisomique ?
TBJ : Depuis qu'il est tout petit, il fait la cour aux femmes ! Il les trouve toujours, toutes très belles. Il complimente les copines de sa mère...

SC : Quelle est la spécificité de votre rapport père / fils ?
TBJ : C'est un lien gratifiant parce qu'Amine est dans une relation d'identification. Il a du mal à lire, mais il écrit tout le temps, il remplit des cahiers entiers, lisibles, parfois pas... Il affirme : « Je serai écrivain. » Il est très préoccupé par le Goncourt, il me voit l'été prendre des notes. Pour lui c'est clair : je veux être papa, comme papa. Je veille sur ce lien. Amine n'a jamais admis notre séparation entre sa mère et moi. Nous avons attendu qu'il ait dix-huit ans pour reprendre notre procédure de divorce. Curieusement, une fois qu'Amine a eu vingt ans, sa mère est partie vivre au Maroc, sans lui. C'est quelque chose que je ne comprends pas. J'aime Paris, la plus belle ville du monde, mais y vivre quotidiennement est souvent un calvaire surtout depuis que Mme Hidalgo s'en occupe. Pourtant je reste là parce que je réunis mes quatre

enfants une fois par semaine, ils sont heureux. Si je n'étais pas là peut-être qu'ils ne se verraient pas aussi souvent.

SC : Quelle est la relation entre les frères et sœurs ?
TBJ : Ils s'adorent tous mais ses frères et sœurs ne passent rien à Amine. Le handicap n'est ni une excuse, ni un privilège. Amine a un souci avec la parole. Chez l'orthophoniste, il fait un effort, mais à la maison, il parle trop vite, ses frères et sœurs le font répéter : « On ne comprend rien, recommence. »

SC : Avez-vous une relation particulière avec Amine, par rapport à vos autres enfants ?
TBJ : Je lui donne beaucoup plus de temps. Nous nous appelons tous les jours. Il m'envoie toujours des messages, « papa je t'aime », il fait de même avec sa mère. Ce qui me ravit, c'est qu'il est autonome. Il gagne sa vie depuis huit ans, il a un compte en banque, une carte de crédit. Il manipule les téléphones et les ordinateurs beaucoup plus facilement que moi. J'ai été tellement fier et heureux quand mon fils a été invité en Guadeloupe et à Montréal pour faire

des conférences sur son handicap ! Il a parlé pendant une heure ! Par ailleurs, c'est un champion de natation, il est quatrième de France, pas en tant que handicapé. Il joue du piano de manière extraordinaire. Il est très ordonné, très élégant, il adore s'habiller.

SC : Est-ce que vous vous inquiétez plus pour lui que pour vos autres enfants ?
TBJ : Oui. La semaine dernière, nous avons tous dîné au restaurant. Ses deux sœurs ont pris un taxi pour rentrer. Amine vit avec sa sœur cadette mais il décide : « Je vais marcher, je suis gros, il faut que je perde du poids. » Cela m'embête, il a un sac, des écouteurs, j'ai peur pour lui parce qu'il ne va pas se méfier.

SC : Pensez-vous qu'il faut davantage parler de la trisomie 21 pour changer le regard ?
TBJ : Avant l'arrivée d'Amine, je pensais, comme trop de gens, que les enfants à problèmes, c'est un problème. Et puis j'ai compris que la société, franchement, n'en a rien à faire des handicapés. Pourtant, avoir un enfant comme Amine, qui n'a pas un handicap lourd je le rappelle, c'est une merveille. Ça apporte énormément, ça nous

remet en question. Il m'a appris beaucoup sur la condition humaine, la vie, sur le hasard. C'est grâce à lui que ma sensibilité a pris un autre chemin.

SC : Amine a-t-il influencé votre œuvre ?
TBJ : Bien sûr. D'abord il est présent dans mon livre *Le Mariage de plaisir*, il est l'être exceptionnel qui apporte des solutions aux problèmes. C'est l'homme optimiste, jamais désespéré, celui qui répète : « Pas de souci, on va s'arranger ! » Je ne me permettrai jamais de me plaindre face à lui. Son amour de la vie est extraordinaire. Il aime le plaisir, la bonne table, les gens. Il me demande régulièrement des nouvelles de mes amis, un par un… Il va bien au-delà de son handicap.

Conclusion

Si, avant d'ouvrir ce livre, le handicap vous était indifférent, ou s'il vous effrayait, alors j'espère que ces témoignages auront changé votre regard.

Ces rencontres ne sont pas anecdotiques. Comme toutes celles que m'a permises ma mission, elles ont guidé mes décisions et mes combats. Être secrétaire d'État pendant presque cinq ans, cela signifie 400 déplacements en province, 4 000 rendez-vous, de quoi savoir que chaque situation est unique et nécessairement prioritaire. Bien souvent, j'ai retrouvé ce que j'ai vécu avec mon mari et mes enfants tout au long de l'éducation de ma fille Julia avec des journées de doute, de colère mais aussi d'espoir et de victoire.

Puisque je parle de victoire : je garde en tête les rencontres avec les sportifs en situation de handicap, à Tokyo, à Séoul, lors des Jeux paralympiques, ou plus simplement, lors de l'entraînement de jeunes. Des leçons de vie, des boosters d'enthousiasme. Le dépassement de soi prend ici tout son sens.

À l'issue de ce quinquennat, grâce au soutien du Président mais aussi à l'engagement des Premiers ministres et de mes collègues, le handicap ne sera plus craint par les personnes valides. Je veux croire que le regard a définitivement changé. Des mesures attendues depuis longtemps, comme le droit de vote des majeurs sous tutelle, les droits à vie, la reconnaissance du droit à une vie affective et sexuelle, la place de tous les enfants dans l'école de la République, la baisse constante du chômage des personnes en situation de handicap, sont devenues une réalité.

Bien sûr, tout n'est pas réglé. Des chantiers structurels doivent être menés à leur terme, freinés par les crises sociales et sanitaires. Je pense notamment à la répartition des responsabilités entre les intervenants, l'État, les départements et les organismes gestionnaires. Les chantiers sont maintenant crantés.

Ce changement de regard des citoyens garantit la poursuite de cette évolution. La présence de plus en plus marquée dans l'actualité, dans les films, dans la vie quotidienne des personnes en situation de handicap en est la preuve et un puissant levier pour le futur.

Par sa culture, notre pays ne voit pas la différence comme une alliée. Au fil des ans, la France a confondu égalité et équité. La vie d'un enfant à sa naissance n'est jamais égale à celle de son frère ou de sa sœur. Le hasard de la naissance ou de la vie peut subitement faire basculer un avenir. Ce n'est pas juste, ce n'est pas égal. Mais c'est ainsi.

Cela ne signifie absolument pas qu'il faille renoncer ni s'apitoyer. La société et la famille doivent pouvoir compenser. Il ne peut pas y avoir de petite vie.

Mais notre culture latine privilégie les jardins « à la française » où le paysage est cadré, organisé, hiérarchisé. Ce n'est pas un hasard si le handicap est historiquement mieux pris en compte dans les pays anglo-saxons… Les jardins à l'anglaise privilégient la nature, la diversité se marie dans un faux désordre pour son plus grand bien et celui de nos regards.

12 millions de nos concitoyens vivent une situation de handicap ; 80 % de handicaps se développent au cours de la vie : oui, c'est l'affaire

de tous. C'est inviter l'enfant « différent » au goûter d'anniversaire, proposer de l'aide. C'est une solidarité quotidienne par des gestes simples.

Dans quelques semaines, aura lieu le traditionnel rendez-vous de la nation avec elle-même. Comme tous les 5 ans, nous aurons à décider de ce que nous voulons pour notre pays dans les années à venir. Le handicap ne doit pas être un sujet de polémique, d'outrances ou de courses à la démagogie. Ces dernières années, j'ai pu travailler de façon transversale. Les syndicats ont signé un engagement pour l'inclusion des personnes en situation de handicap dans l'entreprise ; malgré la crise, j'ai réuni avec le Duo Day mais aussi le manifeste sur l'inclusion presque tous les patrons du CAC 40, avec plus de 300 autres chefs de grands groupes. L'association des départements de France, souvent en opposition avec le gouvernement, a signé un engagement d'amélioration concrète de la prise en compte des personnes dans les maisons départementales du handicap. Les patrons de tous les groupes audiovisuels ont ensemble signé une charte d'engagement pour une meilleure représentation des personnes.

Le handicap est la vision la plus consensuelle du respect de la différence. Or, justement, un des enjeux structurants des élections qui s'annoncent est le rejet des différences, le culte de l'assimilation parfaite où chacun doit se revendiquer de la même histoire et se couler dans le même destin. Le handicap montre que cela n'existe pas.

Ces rencontres vécues au fil de ces pages portent le refus du repli sur soi. Car notre richesse sera de chahuter les jardins à la française, mélanger les communautés, oublier les plates-bandes. Le vivre ensemble, ce n'est pas le renoncement de soi, mais bien un jardin vivant, où chacun s'épanouit.

Pour cela à la politique d'inclusion, mot que j'ai contribué à populariser à mon corps défendant et aujourd'hui repris comme gage ultime de bonne volonté et d'ouverture (!), je préfère la fraternité : là est le véritable dépassement de la politique d'assimilation. La fraternité dépasse la notion d'individu sans individualiser les combats. Un exploit ! Elle préfère le mot « commun » à celui de « communauté ». Alors qu'attendons-nous pour nous rapprocher de ceux qui ne sont pas dans la norme, mais ont tant à apporter ? Voyons la personne avant le handicap et laissons-nous, enfin, entraîner par la force des différents.

Remerciements

À tous les intervenants de ce livre, pour leur disponibilité et leur confiance.

À l'équipe de JC Lattès, Véronique Cardi, Bérengère Bois, et Clara Dupont-Monod, mon éditrice.

Cet ouvrage a été composé par Nord Compo

Imprimé en France par
CPI BRODARD & TAUPIN (72200 La Flèche)
en novembre 2021

pour le compte des Éditions J.-C. LATTÈS
17, rue Jacob – 75006 Paris

PAPIER À BASE DE FIBRES CERTIFIÉES

JC Lattès s'engage pour l'environnement en réduisant l'empreinte carbone de ses livres. Celle de cet exemplaire est de :
350 g éq. CO_2
Rendez-vous sur www.jclattes-durable.fr

N° d'édition : 01 – N° d'impression : 3045850
Dépôt légal : janvier 2022
Imprimé en France